销售团队
就该
这样管

五星评定销售管理实战指南

陈军★著

U0810543

中信出版集团 | 北京

图书在版编目（CIP）数据

销售团队就该这样管：五星评定销售管理实战指南 / 陈军著 . -- 北京 : 中信出版社，2021.6（2025.1重印）
ISBN 978-7-5217-3106-4

Ⅰ . ①销… Ⅱ . ①陈… Ⅲ . ①企业管理 - 销售管理 Ⅳ . ① F274

中国版本图书馆 CIP 数据核字（2021）第 079950 号

销售团队就该这样管——五星评定销售管理实战指南

著　　者：陈军
出版发行：中信出版集团股份有限公司
（北京市朝阳区东三环北路27号嘉铭中心　邮编　100020）
承 印 者：三河市中晟雅豪印务有限公司

开　　本：880mm×1230mm　1/32　　印　　张：7.5　　字　　数：135 千字
版　　次：2021 年 6 月第 1 版　　印　　次：2025 年 1 月第10次印刷
书　　号：ISBN 978-7-5217-3106-4
定　　价：69.00 元

版权所有 · 侵权必究
如有印刷、装订问题，本公司负责调换。
服务热线：400-600-8099
投稿邮箱：author@citicpub.com

目　录

自　序
五星评定管理法：实现企业动能倍增的销售管理工具

20多年前，我第一次以销售经理的身份带领着手底下的8名员工一起开拓市场。在那个年代，销售管理者大部分工作是抓业绩，对管理这个词的认知很模糊。因此，在接触销售管理的前三年，我对“销售部门怎么管”这个问题感到十分困惑。

2002年，带着对“管理”的困惑，我加入了当时风头正劲的宅急送。团队的快速扩张和快速试错，让我有机会实践自己的所思所悟。正是在这段职业生涯中，我开始对“销售管理”进行深度思考。随着所带领团队的规模越来越大，我迫切地需要解决销售人员的晋升标准问题，并因此研发出第一版“等级评定”模型。

后来，在两年多反复摸索的过程中，我们用科学实验的方法，不断尝试着调整自己的模型。随着一个点、一个点地优化，我们最终将“等级评定”模型进化为一套五星评定管理系统，将整个销售管理的业绩指标、过程管理、通关培训、销售秘籍、薪酬机制、人才通道等全部打通，集成到这套销售管理系统当中。这是本书的雏形和源头，也为我思考销售团队的系统建设打下了坚实的基础。

2008年，我受邀加入顺丰，全面负责顺丰速运集团的营销工作。从宅急送离开时，我没有带走一个下属，唯一带走的是多年积攒的管理经验。事实上，彼时我所面临的挑战很大：由于受到金融危机的冲击，许多中小客户纷纷倒闭，顺丰在珠三角的业务遭受重创，而国外行业巨头却抓住这一时机攻入中国市场。

在内忧外患之下，我们转变了过去以电话销售为主的销售方式，迅速在国内成立了多支大客户销售团队，并同步导入了五星评定管理系统工具。迄今为止，最让我难忘的是当时公司的COD（代收货款）项目组。为了做好这个重点一级项目，我从全国营销团队抽调了15名销售高手，亲自带领他们专攻大客户的COD业务。为此，我还在办公室内挂了一张中国地图，在地图上圈出了100家大客户，比如湖南卫视快乐购、橡果国际等大型电视购物平台以及各类网购平台。

首先导入的是通关培训体系，我将所有销售人员召集到总部进行培训，让他们了解代收货款的专业知识，了解大客户的开发流程和策略。所有人一边培训，一边通关。这也奠定了今天顺丰的通关文化：每月进行一次大通关，每周进行一次中通关，每日进行一次小通关。

在开发客户的过程中，我们也导入了4×5过程管理。为此，我还专门制作了客户开发进度表，将大客户开发分为九个阶段。每月所有人要回总部开一次碰头会，研究大客户的作战策略，并编写销售秘籍。每拿下一个客户，我们就马上制作一个操作方案，在项目组内部发布，让其他销售人员主动跟上。与此同时，我们还建立了全国运维机制，专门服务大客户。由于顺丰的服务品质做得非常好，无论是快递服务还是货款管控，客户满意度都非常高。

与此同时，由于五星评定管理系统打通了薪酬机制和晋升机制，众多人才从各个团队中迅速冒头，再匹配通关培训为员工赋能，销售团队战斗力空前爆表。经过所有团队成员的共同努力，一年后我们基本拿下了作战地图上的100名客户。仅仅一年时间，我们就成功实现代收货款业务从0到近300亿元的年代收规模，极大地充实了顺丰的现金流。

除此之外，我们还在顺丰探索了分区域导入五星评定管理法。由于当时顺丰的企业规模已经很大，各区域市场参差不齐，因此，我们指导各区域按照总部要求制定自己的五星评定体系，这也使得五星评定管理法迭代得越来越科学。

在迭代这套系统的过程中，身边也有不少朋友向我咨询销售管理的逻辑。有些朋友创业多年，结果业绩到了一个瓶颈期以后，始终卡在那个点上过不去。至少有五个朋友向我描述过同一种感受：公司虽然多年来平稳发展，但是始终难达预期的规模。他们始终觉得缺点什么。到底缺的是什么呢？他们不知道。他们唯一清楚的是，有个东西是自己还没有找到的。我隐约感觉到，自己的经验可以帮助他们，但当时身在其中，还并未将自己的管理方法论系统、完整地提炼出来。

2013年，我与行动教育结缘，开始在行动教育平台上开设“大营销管控”课程，并陆续开设了2.0方案班以及咨询辅导项目3.0。在培训和咨询的过程中，我接触到了10万多名企业家和高管，也深入到300多家企业当中，了解他们真实的困境和困惑。在这个过程中，我还研读了历史学、哲学和管理学等著作以图从理论上求解，这才逐渐明白：他们所描述的那种缺失的东西其实就是一套销售管理系统。企业一旦建好了一套完整的销售管理系统，就可以清晰地看到战略目标解码的作战地图，看到业绩可持续增长的路径图。这些作战地图和路径图就如同茫茫大海上的指南针，可以准确地指引企业前进，可以持续地支撑企业大规模复制，可以将企业“虚”的战略目标做“实”。

因此，总结自己的职业生涯，本质上就是一个从困惑到解惑的过程。幸运的是，我有机会在宅急送和顺丰这样优秀的企业中一点点地去尝试和试验自己的想法，并最终解开了自己的管理之惑。而在人生的后半段，我会致力于为更多的企业解惑，这也是我出版这本书的初心。

在我做培训和咨询的过程中，经常有客户向我反馈：国内讲销售的书很多，讲管理的书更多，但是讲销售管理系统工具的书凤毛麟角。纵然有一些系统工具书，它们也大多源于西方，难免有些水土不服，而能够真正落地到销售管理系统的工具书，市场上几乎是一片空白。但是，如前所述，当企业发展到一定阶段时，企业家和管理者的困惑其实正好集中在这一空白领域。因此，我希望这本书能够填补这一空白，成为一套支撑企业业绩可持续增长的本土化销售管理系统工具。

迄今为止，通过我的培训和咨询辅导，五星评定管理法已经走进了3万多家企业，这些企业大到千亿级的上市公司，小到销售团队不足10人的创业型公司。甚至有不少企业将五星评定管理法的逻辑应用于市场部、客服部以及非业务部门，也取得了相当不错的效果。得益于在不同行业及不同企业的实践，五星评定管理法在被导入和验证的过程中，同时也在发展和升级，以期能够更好地适用于各行各业的销售型企业。其中的每一次升级都是无数实践经验的总结，因此这套管理系统具备了更大的包容性和可移植性。

2015年，随着行动教育“校长EMBA”项目的开班，已有数百家国外优秀企业走进了我的课程，这套工具随之被带出国门，应用到许多国外优秀企业当中。因此，我也在心中默默期盼这本书能够承担起本土化管理工具走向国际化的使命。

借此机会，我也要向所有学员表示深深的感谢。这本书其实是在他们的共同参与下才创作出来的，不少老学员也许能够从中看到自己的观点和影子。感谢大家对五星评定管理系统的信任和实践，正是有了你们的参与，这本书才更加具有普适性。接下来，我们希望把这套系统方法论传播给更多困惑中的企业家和管理者，帮助更多的企业夯实自己的销售系统基本盘。

在今天后疫情时代的经营环境下，外部市场环境越不好，企业越是要较量自身的体质，越是要较量经营管理的基本盘。从根本上说，五星评定管理系统就是一套增强企业体质、做实企业基本盘的销售管理系统。站在经营管理的底层逻辑来看，我们今天面临的问题和过去20年并没有什么不同。有了五星评定管理系统对销售管理底层逻辑的梳理，你就拥有了一套系统的思考框架。而且，这套系统的设计是从底层的人性出发的，它的根基是不变的。只要人性不变，这套系统就永远不会失效。

在我辅导的客户当中，一部分企业在2020年上半年的疫情中也实现了增幅超过200%的逆袭，也有不少企业因为疫情受到了较大的冲击。尽管受到了疫情的冲击，仍然有不少创始人告诉我：因为这套系统的加持，他们反而拥有前所未有的笃定。因为疫情终将过去，未来行业一定会洗牌，而他们没有浪费这次危机，始终在日复一日地执行这套系统，夯实企业的地基，强健企业的体质。等到下一拨发展机遇来临的时候，他们就会成为真正的赢家！

我期待有更多的企业因为这套系统变成真正意义上靠系统驱动的公司，以强健的体质来抵御市场的寒冬，在经历涅槃重生之后脱颖而出，最终成为真正伟大的公司！

陈军

2021年5月于上海

第 1 章

五星评定管理法的前世今生

一个销售管理新手的自白

我第一次接触管理，是在大学毕业之后的第二年。在大学毕业之后，我进入了家乡无锡的一家乡镇企业。入职这家企业半年后，由于业绩拔尖，我被破格提升为分公司经理。作为一个刚刚毕业的职场小白，我根本不懂怎么做管理。在刚开始做管理的两三年间，我对“如何管人”这个问题无比困惑。

今天回头来看，当时我所在的乡镇企业几乎处于无管理的阶段，至多有一些“人盯人”式的管理——管理者事无巨细地盯着员工、盯着客户。业务线管理者都不太关注组织结构、管理流程或制度，几乎将全部精力都放在外部业务和销售上。

正如彼得·德鲁克所言，企业是社会的器官，而管理和管理者是企业的器官。不同企业对这个器官的理解深度不同，也就决定了企业业绩的增长方式千差万别。吊诡的是，销售部门是企业中最需要管理器官发挥作用的部门，却同时也是最缺乏这一器官的部门。当时的我们就陷入管理缺位的窘境下，整个企业的管理效能非常低下。下面就以销售动作留痕这件小事为例——

我当时带领的团队一共有六名销售人员。由于没有建立标准化的留痕管理流程，对于每一个客户跟进到哪一个阶段，我时常会将销售人员叫过来反复询问，确认跟踪到哪一步了并指导下一步的开发计划，这些都要耗费大量时间。更糟糕的是，由于沟通过程没有留下记录，有时候我可能还需要再询问两三次。相反，如果当时我们就建立了科学的过程管理流程，每个销售员在拜访客户以后都认真填写标准化表格，包括客户信息、沟通对象、客户需求、项目进展阶段……每个客户的开发历史都有存档，那么我一看便知后续该采取哪些管理动作。前后两种管理方法，效率可能相差十倍以上。

在这种“人盯人”的管理模式下，我手底下的员工最典型的特征就是被动——我盯着，他们就认真干；我不盯着，他们就不干。因此，团队的业绩时常如同过山车一般起起伏伏。为了保证团队业绩达标，我只好将更多的时间投入到开发客户当中，久而久之，我就成了团队内部最忙的业务员和救火队长。然而，一个人的时间是有限的，此消彼长，做业绩的时间多了，对员工就缺少帮扶管理和关爱，对员工的成长没有负起应有的责任。日复一日，员工看不到自己的成长，工作也没有任何动力，只好另寻出路……

因此，作为一位新晋管理者，我该如何让我的团队稳定地出业绩？如何有效地激励下属？如何留住员工？……这种人盯人的管理模式给我留下了无数的问号。

那几年，虽然我如同坐了火箭一般快速晋升为销售部门负责人，但我能清晰地感受到：公司的一线管理者和业务员干得都不开心，因为当时公司几乎没有公平的晋升通道，晋不晋升都是老板说了算，而公司也没有一套科学的评价标准。能得到晋升的只有两种人：一是和老板关系密切的人，乡镇企业内部关系盘根错节，当时80%的管理者都和老板有亲戚关系；二是由于业绩出色得到破格提拔的人，这样的情况属于少数，我便属于此类。

即便当时我带领的团队业绩还不错，但我也不得不承认自己并不是一名合格的管理者。彼时，我毕业不过两三年，却掌管着全国数百人的营销团队，再加上这家公司没有一套完善的管理系统，我虽然身在其位，却不懂如何谋其政，不知如何真正为手下的销售人员创造价值。

幸运的是，20多年前中国市场还处于红利期，外部的市场机会足以驱动企业的业绩增长，再加上整个行业管理系统的缺位——其他竞争对手也没有管理体系，这使得我带领的团队业绩始终名列前茅，更让公司的品牌价值跃升到同行业的全国前十名。这个成绩也让我一路扶摇直上，晋升为这家乡镇企业的销售总经理。

在统管全国营销工作的数年间，最让我们头疼的事情是每年过年前发奖金。当时公司所有分公司经理的工资都是一刀切，同一层级的管理者都是同一个工资标准。到了年底，奖金该怎么发呢？我们只能偷偷地发：感觉分公司经理A做得不错，给个大红包；B今年带的团队业绩不行，红包小一点。结果发完奖金，大家更加不开心。

一言以蔽之，这家企业的痼疾就在于员工的名利心都没有得到满足：从名的角度来看，公司没有公平的晋升通道；从利的角度来看，公司也没有公平公正的赚钱机会。最后，大部分人都干得不开心，对企业毫无忠诚度可言。

2019年，我回到家乡故地重游，这家拥有40年历史的乡镇企业仍在经营。据说它今天的年营收规模已经不及20年前的一半。那一刻，我不禁在想：如果当年就能够找到销售管理的本质，摸索出一套好的销售管理系统，我可能会改写这家企业的命运。可惜，历史没有如果。

再仔细琢磨一下，以我彼时的见识和对经营管理的认知，我也不可能摸索出一套复杂动态下以简驭繁的完整的管理体系。但幸运的是，这段经历开启了我对销售管理这一命题的思考，也为我后续研发五星评定管理法埋下了一颗种子。

五星评定管理法的起点

千禧年前后，由于乡镇企业领导换届等原因，我离开了这家乡镇企业，想去上海碰碰运气。机缘巧合之下，我加入了当时风头正劲的宅急送，这是我职业生涯中所服务的第二家公司。对于这家公司，大家可能并不陌生。宅急送是一家快运公司，这家企业的董事长是著名企业家陈东升，他同时也创办了赫赫有名的泰康人寿和嘉德拍卖。

这家企业可谓是我职业生涯中最大的转折点，也是孕育五星评定管理法的母体。就是在这里，五星评定管理法经历了萌芽、反复试验和多次迭代，最终得以发展成形。

我们把时间拨回到2002年，彼时的宅急送正处于高速发展期——团队规模越来越大，人数越来越多。此时，摆在我们面前最大的难题是：我们需要提拔大量的管理者。那么，如何评估销售员的贡献？哪些销售员应该被提拔呢？我们急需一套科学公正的人才评估系统，以此来观察、评估销售员的能力，而不是像过去一样靠关系、靠感觉来评价人才。

熟悉我的老读者都知道，今天我对销售团队设计了两条晋升路线：一条是专业路线，一条是管理路线。彼时，我并没有想清楚这些问题。现实中，我遇到了两类想法截然相反的员工。一类是在公司干了很多年的老员工，这部分老员工希望有机会晋升为管理者。那么对于他们，这条晋升通道怎么打通？企业要用什么可量化的标准去衡量他们是否合格？万一不合格，该如何处理才能将企业的损失降到最低呢？另一类就是喜欢做销售的人，他们不愿意带团队。这类人又该如何晋升和激励？显然，如果不解决这群销售高手的晋升问题，一旦有平台的对手来挖他们，这些高手就很容易流失。这也是摆在我们面前一个非常棘手的问题。

于我而言，这些并不是新问题，这些与之前我在上一家乡镇企业遇到的问题如出一辙，只是我此前并没有能力解决。这一次，我笃定，无论如何也要研究出搬开这个拦路虎的对策。否则，市场机遇越好，团队发展越快，管理就越跟不上。因此，五星评定管理法的诞生，起初只是为了解决销售人员晋升的价值评价问题。

不承想，后来在实践的过程中，随着管理实验的展开，一个又一个问题冒了出来，我们被迫去应对这些冒出来的新问题，围绕着一个又一个的问题进行迭代和优化。最终，五星评定管理系统从一个价值评价工具进化为一个销售管理系统。所以，五星评定管理系统并不像许多学院派管理工具一样从理论走向实践，相反，它是从实践走向理论，是一个从管理实践中生长出来的销售管理系统。

为了帮助读者更好地理解这套系统的逻辑，我有必要在下文中勾勒出整个五星评定管理法生长和演进的路径。

五星评定管理法的演进路径

2002—2003 年：雏形期

也许，毕业于数学专业从某种意义上深度影响和塑造了我的思维方式，也给我的职业生涯注入了数理和模型的基因。我一贯的思路是抽象出问题的本质，以搭建一个简单的模型和算法来解决同一类问题。所以，在经营管理的过程中，我尽量寻求把复杂的问题简单化，不断抽象问题一直到挖掘其本质。我始终坚信，只有底层的算法和架构越简单，它的拓展性和移植性才会越强，这套体系才能更加具有可复制性。

2002 年，在着手解决宅急送华东团队的晋升问题时，我自然而然地想到了建立一套人才的评价模型。初始的评价模型设计并不复杂：以销售人员的业绩作为唯一评价标准，同时还借鉴了技术岗位的职称体系，最后按照销售员的总业绩进行排名，将所有销售人员评定为初级、中级和高级三个等级。这就是我们想出的初始解决方案——等级评定。

从今天回望过去，虽然这个模型略显粗糙和简陋，但是在十几年前，它已然是一个里程碑式的改变——我们总算有了第一代价值评价模型。

等级评定试行一个季度下来，暴露出了第一个问题。彼时，公司几名老销售员的总业绩名列前茅，按照等级评定的规则，他们理所应当被评为高级销售员。但是，我仔细分析了这几名老销售员的业绩构成，发现他们95%以上的业绩都来自老客户。换言之，一个季度下来，这几名老销售员几乎没有开发新客户。

这让我隐隐感到不安。试想一下，如果销售员凭借自己手中的老客户资源，长期留在家里吃老本，那么谁去开发新客户呢？实质上，销售部门的使命就是要去"攻城"——开发新客户。一旦销售员不去开发新客户，企业一开始的客户入口就被切断了。因此，为了堵住这个"漏洞"，在当年第二季度做等级评定时，公司在总业绩的基础上增加了一个新指标：新增业绩。换言之，销售员唯有同时达成总业绩和新增业绩指标，才能被评为高级销售员。

评定规则的一个简单调整，帮助我们扭转了危局。半年试行下来，双业绩指标考核效果卓著，立竿见影地解决了新增客户不足的问题。不过与此同时，我们发现这个双业绩指标考核的方式仍然存在瑕疵——

至今我还记得，当时上海分公司有两名业绩不错的老员工，他们是上海本地人，自恃业绩不错，经常不按时出勤，不按照公司规定填写拜访记录，也不参加各种销售会议，影响非常恶劣。这两名销售员分属不同的销售团队，但是这两支团队的销售主管都选择睁一只眼闭一只眼。因为这两名销售员都干了近20年，积累了不少老客户，对团队业绩贡献很大，所以这两位主管也不愿意开罪他们。在连续数次销售月度会议上，这两位老员工始终请假缺席。会后，有人告诉我其中原委："这两人根本就是老油条，仗着自己业绩不错，觉得公司根本拿他们没办法。"

为了遏止这股不正之风，我把这两个人单独叫过来谈话。最后才发现，核心问题还是出在公司设计的考评机制上——虽然公司设计了过程管理考核制度，规定员工每少拜访一个客户罚款10元，但是这两位老员工每月收入都已经超过2万元，根本不在乎区区数百元的罚款。直到这一刻，我才发现公司的过程管理机制形同虚设，根本没有触及这些老油条的神经。

时至今日，我在调研企业时，发现很多企业仍然存在这种老油条现象，管理者明明知道很多老油条在忙自己的事情，甚至"飞单"，公司都不敢捅破这层窗户纸。这种问题看似不直接影响业绩，但是它会让整个企业的风气和氛围变得非常诡异。一旦不能及时刹住这股不正之风，它会传染给更多的人，老员工慢慢都会变成老油条，最后企业就会陷入窘境：老人管不住，新人不服气。

这件事触发了我对"规则"的深度思考：规则之所以有效，是因为所有人都认可规则、维护规则。谁都不破坏规则，规则的公信力就在。一旦有人打破规则，规则的效力就开始衰减甚至逐渐消亡。因此，要想让所有人都相信规则，企业必须保证没有任何人凌驾于规则之上。因此，虽然这些老油条业绩不错，但是他们能当企业的标杆和楷模吗？显然不行，我们必须想办法约束住他们，否则这套规则就失去了其他成员的信任。没有信任的规则，最终就会崩盘。

后来我在研究华为的案例时，猜测其创始人任正非也应该有过类似的经历，因为他是这样定义人才的：不是所有的人才都是人才，只有管理有效、负责任的、具有高度责任感的人才，才是人才。反过来说，一个人才到了华为，不受组织约束，个人凌驾于组织之上，就不算人才，可能还是个害才——害企业之“才”。个人必须遵守组织规则，受组织约束，必须是管得住的，这样的人才才是企业真正的人才。

在对人才的标准思考透彻以后，我又陷入了沉思：如何才能约束住这些老油条呢？没过多久，我们就想到了解决方案——除了业绩指标，企业还应该将过程管理也纳入等级评定之中。

正当我们琢磨如何将过程管理与等级评定绑定在一起时，有人给了我们新的灵感。当时国外的五星级酒店体验堪称完美，同时“五星级”这个提法也十分新颖。于是，大家坐下来共同商讨，能否将“五星”这一理念引入到管理当中呢？正是这个建议，使得我们团队在头脑风暴的过程中将“等级评定”升级为“五星评定”，五星评定一词也由此诞生。

言归正传，接下来如何科学地将过程管理和五星评定绑定在一起呢？为了找到一个科学的答案，我们整个团队又经历了半年多的数次摸索。

最开始我们的想法非常简单，直接将过程管理分为两种情况：

达标和不达标。什么叫达标？比如，公司规定每个销售人员每月必须完成50次陌生拜访，只要销售员在一个月内完成了50次陌生拜访，过程管理考核结果就是达标。反之，未完成的话，考核结果就是不达标。

试运行下来，我们发现月考核的方式并不可行。其中有不少销售员都会钻这个政策的空子——前三周待在公司里一动不动；到了第四周，为了赶在月底前完成50次拜访，大家纷纷倾巢而出，疯狂地拜访客户。如此一来，拜访客户的数量是完成了，但是拜访质量却惨不忍睹。为了解决这一问题，我们又将月考核调整为周考核，很快杜绝了这一现象。

将月考核调整为周考核以后，我们平稳地试运行了半年。半年下来，我又发现新的问题——销售人员一旦完成了规定拜访数量，再也没有动力出去拜访客户了。换言之，只要求过程管理的达标无法激励销售人员尽可能多地出去拜访客户。而销售就是要以过程的确定性来对抗结果的不确定性，只有好的过程，才能保证有好的结果。因此，我们必须将过程管理的标准升级，最好能分出不同星级的员工来。

要分出高下，有一个问题自然无法回避：如何量化过程管理指标？我们一开始采用的方案是扣除未达标的拜访次数，比如：五星级销售员每个季度仅允许缺少一次拜访，而一星级销售员每个季度允许缺少五次拜访。最后试验下来，我们发现这个方案行不通。

为什么这个方案行不通呢？因为这个方案只适用于考核普通销

售。对于普通销售而言，业绩成果与拜访量成正相关，通常拜访量越大，业绩就越好。但是，对于开发大客户的项目销售人员而言，他们的业绩成果与拜访次数无关，而与销售质量的关系更大。项目销售瞄准的目标客户并不多，所以重点不应该考核客户的拜访数量，而应考核销售质量。因此，我们将大客户开发划分为九个小阶段，然后分阶段进行考核。如此一来，用次数来考核的规则就不适用了。

接下来该怎么调整呢？我们团队经过讨论，决定将次数改为分数来考核，从而规避以上问题。但是，新的问题又来了：企业如何设计分数的计算规则呢？为了验证这一方法的有效性，我们先后试验了加分制和扣分制两套方案。

第一次采用的是加分制。举例来说，当普通销售达到公司规定的拜访次数以后，每多拜访一个客户，加2~3分。随着分数越加越多，销售人员反而感觉麻木了。后来，我才醒悟过来：完成这些销售动作本来就是他们分内的事情，我们没有必要为他们加分。

后来经实践证明，扣分制的效果确实优于加分制。为什么扣分制效果更好呢？心理学上有一个专业名词叫“损失厌恶”，它是指人们在面对同样数量的收益和损失时，认为损失更加令他们难以忍受。同量的损失带来的负效用为同量收益的正效用的2.5倍。从这个角度来看，扣分带来的动力一定大于加分带来的动力。

那么，如何扣分才更加科学呢？如果没有计算公式，这个指标还是不可衡量。不能衡量就无法管理，更加无法执行。为了解决这一问题，我们整个团队思索良久，终于把过程管理的得分公式给设计出来了：

过程得分=100分－次数×分数

需要说明的是，公式中的“次数”代表未完成销售动作的次数，而“分数”则是根据赞助（罚款）的金额换算而来的，这个金额又是与销售动作的难度系数挂钩的。举例来说：假设公司规定销售员每缺少一次陌生拜访需要赞助20元，其中每5元等于1分，那么少一次陌生拜访需要扣除4分；假设公司规定项目销售每少举行一次营销活动需要赞助50元，其中每5元等于1分，那么每少举行一次营销活动则需要扣除10分。这样一来，整个过程管理的指标量化就符合科学、公正的原则。结果表明，这种扣分方式得到了所有销售人员的认可，五星评定又按照这个逻辑平稳地运作了大半年。

时间到了2003年上半年，在某次开展五星评定时，我又发现了两个不对劲的问题。一是有一部分老员工业绩很好，过程管理也不错，但是我发现他们开发客户的水平很一般。虽然这些人专业能力不扎实，但也被评上了五星级销售员。二是有些新员工来公司时间不长，居然也能被评上五星级销售员，但据我亲自测试，这些新员工的专业能力其实非常弱。

这两种专业能力明显不足的员工，是不是应该被评为五星级员工呢？我再次反思之前设计的评价标准是否有漏洞。很快，现实就给了我答案。

2002—2003年，我在华东团队内部发动了一场针对大客户的

“钱江战役”——在华东市场专门组建了六个项目团队，精准锁定20家超级大客户，其中包括彼时红极一时的熊猫电子、波导手机、华东医药和UT斯达康等。想要开发这种量级的大客户，企业必须组织精兵强将，这就倒逼我们必须提升员工的专业能力。但是，在组建项目团队的过程中，我发现很多高星级销售员的专业能力都达不到开发大客户的标准。

为了快速地打赢这场销售战役，我亲自带领这六个项目团队每周开一次碰头会。在某次碰头会上，一个项目团队率先成功开发了UT斯达康。我要求这个团队向其他五个项目团队分享自己的成功经验。在分享经验的过程中，其他项目团队反馈说，他们最大的障碍点在于见不到客户企业的物流老总。

于是，我邀请这支项目团队现场模拟演练一下：他们是如何对接上UT斯达康物流老总的，第一通电话是怎么打的，第一次见面说了什么，如何进行异议处理，如何进行招投标谈判……现场由我来扮演物流老总，于是我趁机又询问了一些大客户成交过程中最棘手的关键问题，看看这个项目团队成员如何应对。模拟演练结束以后，我对他们的表现进行了点评，并指出了后续在开发大客户过程中哪些经验可以被总结下来并复制给其他团队。

碰头会结束后，我询问参会者收获如何，大家普遍反馈这种形式非常好。于是我冒出了一个大胆的想法：为什么不把这种模拟演练用到销售团队日常的训练中去呢？

2003年上半年，在一次召开全员营销大会时，我特意在现场组织了一场声势浩大的情景演练。在大会现场，我专门挑选了几位销售员和管理者上台，由管理者在台上扮演顾客，向销售员发问，其他人在台下观摩这些销售伙伴如何应对。一来一往，销售员的专业能力都被摸得一清二楚。

这也让我彻底想明白了一个问题：为什么有些销售人员的业绩指标和过程指标都很好，但我却始终觉得他们不是我想要培养的对象？因为一些客户并不是他们凭借专业实力开发的，极有可能是由于公司为他们分配了优质的客户资源，也有可能是他们运气好，刚好撞上了有需求的客户。无论以上哪一种情形，我们都不应该把一个没有专业能力的销售员评为五星级销售员，因为他们的专业度还远远不达标——他们的业绩带有偶然性，很难持续优异下去。

因此，那段时间我一直在思考：如何将专业度也纳入五星评定的考核标准当中呢？我们在团队内部商量了一番，决定将“模拟演练”升级为“闯关”，通过闯关来考察每一位销售人员的真实水平。结果，不闯不知道，一闯吓一跳。第一次闯关就暴露出我们的销售人员专业能力参差不齐，针对同一个问题说法不一，莫衷一是。

后来，我们又斟酌了一番，再次把“闯关”升级为“通关”。因为这两个词给人的感觉不同：闯关重在考核，考察销售人员能不能闯过去；而通关则重在成长，销售人员要把专业能级提升上去。之所以咬文嚼字，并不是因为矫情，而是我们要通过词语的改变来告诉所有销售伙伴：通关不是为了把你通死，而是把你通活；通关的目的是帮助员工改进和成长，而不是要把员工归类到不同的盒子里。

至此，经过一年半的探索，五星评定的三个考核指标——业绩指标、过程指标和通关指标终于全部产生了。不过，此时的通关还并不成熟，它更接近于场景演练，打分的评委仅有几位固定的管理者，分数也主要围绕形象礼仪、销售准备、销售话术、过程把控以及销售效果等来评估。半年时间运行下来，我们发现这还远远不够，它并不能真实地反映出一个销售人员的专业水平。经常有销售员由于过于紧张，没有看清楚某个题目而导致通关分数很低。有没有更加科学的方法使得通关分数无限接近真实水平呢？

提出问题容易，解决起来却很困难。前面的业绩指标本身是数字，很容易量化；过程指标经过半年多的摸索也解决了量化的问题。可是，专业度要如何量化呢？这个问题让我头疼了许久。

到了2003年下半年，我还没有找到量化专业度的方法，新的麻烦又冒出来了。经过通关发现了销售人员的不足以后，下一步应该怎么办呢？这个流程没有形成闭环，导致团队仅仅将通关作为一种考核方式，并不能真正解决员工专业度不足的问题。

直到此时，我们才发现，过去企业做销售培训的方式也有待商榷。由于宅急送和泰康人寿是陈东升董事长创办的兄弟企业，因此，我们经常会邀请泰康人寿的培训师给我们的销售团队做培训。毋庸置疑，保险公司的培训体系是非常完善的。但是，我们毕竟是一家物流公司，而不是保险公司，除了部分心态类的培训勉强具有通用性，大部分培训课程都与我们的团队在通关中暴露出来的问题并不匹配。正因为没有击中销售人员的痛点，久而久之，销售人员也不愿意参加。即便参加了，他们也是迫于压力，往往会敷衍了事，人在心不在。

既然通关已经把销售人员的不足和问题暴露出来了，那为什么不能顺势将培训和通关打通呢？我发现问题的关键就在这里：通关和培训并没有形成闭环。

真正有效的培训应该怎么设计？培训要与通关相结合，通关的目的在于发现不足。发现不足以后，企业要把发现的不足和问题变成培训课题，针对这个培训课题，进行内容研发；内容研发好了以后，再进行针对性的培训；培训之后再进行通关，通关过程中再发现不足……如此循环往复，销售团队的专业能力就能实现螺旋式上升。

闭环逻辑敲定以后，细节上仍然需要仔细打磨。每次通关之后，我们总会发现一些销售人员的共性问题，比如：当我们发现销售人员对客户需求了解不足时，企业该如何研发培训教材呢？由谁负责编写培训教材？用什么方式来编写教材呢？此处就留下了一个管理的漏洞。

今天很多企业的培训教材仍然存在类似的弊端：培训教材体现的是主讲老师一个人的意志，并没有汇聚企业内部各大销售高手的智慧。所以，当时我就在思考：用什么培训教材能够将大家的智慧集中起来呢？面对同一个问题，如果能让不同的销售高手从不同的角度来回答，形成思维的碰撞，那么这些高手共同碰撞出来的结晶，将是不可多得的培训教材。在2003年下半年，针对这个问题，我们创造性地提出了一个新词——销售秘籍。

我们用亲身实践证明：真正要做好培训，除了要把培训和通关结合起来，团队还需要编写销售秘籍。2003年下半年，我们组织了一群最厉害的营销精英，封闭式地开展销售秘籍研发。这里暂且按下不表，留待后续在专门的章节中展开。

销售秘籍编写完成以后，通关的逻辑就清晰了。我们把通关分为两个部分：一部分是书面通关，主要考察销售秘籍；另一部分是线下通关，模拟实战。双管齐下对于专业能力的考察就会比较全面：书面通关主要考察行业、客户、销售、产品四大知识，而线下通关重点考察的是在实际销售场景中对这些知识的应用能力。最后我们发现，真正专业度高的销售员，通关成绩也很高；反之，专业度不足的人，通关成绩也不尽如人意。换言之，在线上线下双重通关的考验下，销售人员很难隐藏专业度不足的事实。因此，最终验证下来，双重通关的确是一个比较客观的专业度评价方式。

复盘下来，虽然经过两年多的折腾和摸索，但是我们其实只做了一件事情：对五星评定的规则和标准不断进行修正和调试。每次修正和调试，都重新定义了什么才是我们所倡导的高星级销售员。

那么，我们为什么要从业绩、过程和通关三个维度来全方位地评价员工？因为业绩是企业追求的结果，而过程和通关指标是取得这种结果的动因。本质上，业绩指标是一个滞后指标。也就是说，当期业绩是销售人员上一个周期努力的结果。但是，企业需要的不是一次性的业绩，而是可持续的业绩，唯有动因指标夯实了，才能给未来的业绩埋下种子，保证未来的业绩可持续。所以，后两个指标是对业绩指标的有效补充。

整个五星评定管理系统经过两年的多次试验和反复摸索，基本雏形已经显现。那么，五星评定管理法在华东大区推行下来，效果如何呢？我们当时专门测算了销售团队的人均效能：五星评定管理法正式推行以后，一年内人均效能提升了两倍以上。另外，通过这一系统训练的销售人员专业度快速提升，员工离职率也大大降低，团队的稳定性达到历史最高水平。

2004—2008 年：第一次升级——从区域市场复制到全国市场推广

由于五星评定管理法在华东大区试行下来效果卓著，华东团队业绩始终领跑全国，所以公司总部计划将这套系统向全国市场推广。正是在将这套系统复制到全国市场的过程中，我们又遇到了一些挑战，并因此推动了五星评定管理法的第一次升级。

众所周知，宅急送是一家全国性的快运公司，它在每个区域都有一家分公司。但是，整个中国市场发展参差不齐，有的城市市场容量很大，有的城市市场容量很小。假设我们在全国市场用同一套业绩标准来进行五星评定，那么西藏拉萨最好的销售员可能还比不过上海公司的一星级销售员。因此，如果公司全部按照上海的标准来评定星级，那就意味着不会有人愿意去开发公司的战略区域市场。为了解决这个问题，我们建议对五星评定管理法进行升级，并借此提出了分区域评定的概念。

什么是分区域评定？比如，类似北京、上海这样的超一线城市，采用一套五星评定业绩标准A，而像拉萨、西宁这样的西部省会城市则设计另一套业绩标准B……以此类推，我们将全国市场分为五个等级。也就是说，根据不同市场的规模，我们细分了五个业绩标准来进行五星评定。这样的标准设计相对更科学，也更能服众。

后来，在复制这套系统的过程中，我们又植入了分产品的概念。针对老产品和新产品，企业要如何差异化地进行五星评定？尤其是当企业某一段时间要重点进攻某个新产品的市场时，公司可以将这个产品的业绩单独列出来，作为五星评定的新业绩标准，这样就可以最大程度地激励大家发力新产品，将企业的所有资源都集中到一个点上，用最大的火力去抢占市场。换言之，企业想要什么，就考核什么！考核是指挥棒，能够最快速度地实现全员上下协同，把所有资源引到企业想要的战场上去。

与此类似的升级还有分周期打法。在带领销售团队的这么多年里，我习惯于将销售团队的组织架构拆为两支团队来运作，一如《孙子兵法》中的“正奇结合”：一支是专攻大客户的项目团队，此为销售团队的奇兵；一支是服务于中小客户的基础销售团队，此为销售团队的正兵。以正合，以奇胜。由于这两支团队服务的客户体量大小不同、成交周期也不同，因此，为了更科学地设计五星评定，我们要对这两支团队进行分周期评定：针对项目团队，企业可以每六个月进行一次五星评定；而针对基础销售团队，企业可以每三个月进行一次五星评定。

细心的读者可能已经发现，在五星评定第一次升级的过程中，我们自始至终贯彻了一个词——分层。为什么要强调“分层”？因为在实际经营过程中，我们发现企业的规模越大，管理越不能一刀切。针对不同的情况，我们必须具体问题具体分析。科学的系统背后一定是细分，而细分就意味着五星评定的设计需要结合实际情况进行灵活调整，这就倒逼我们必须掌握每一子模块背后的设计逻辑及设计原则。

《孙子兵法》云：“兵无常势，水无常形。能因敌变化而取胜者，谓之神。”经营亦是如此，市场是动态的，组织也是动态的，企业中所有问题其实都不是静态的，而是一个动态变化、不断演进的过程。要想在动态变化中取胜，我们在运用五星评定管理法时，就要始终把握一个方针：要什么考什么，考什么评什么，评什么得什么。

2004—2008年，经过五年的反复调试，之前五星评定管理系统中出现的漏洞已经基本被解决掉了，这也意味着这套系统经受住了实践的检验，应用起来越来越成熟。这是五星评定管理法从区域市场复制到全国市场的第一次大升级。

2008—2012年：第二次升级——跨细分行业

2008年，我在顺丰组建营销团队体系时成立了大客户销售团队，并将五星评定管理法导入了大客户销售团队。这是五星评定管理法第一次进行跨细分行业的复制。

虽然宅急送和顺丰都属于大物流行业，但是二者其实分属不同的细分行业。宅急送属于快运行业，主要从事大包裹运送业务；而顺丰属于快递行业，主要运营小包裹业务。不同的物流形态意味着它们所面对的客户群体差异巨大：宅急送面对的客户群大多为企业客户，而顺丰面对的客户群则较为广泛，既包括一些零散客户，也包括一些家庭用户和企业客户。针对不同的客户群体，销售的打法也是不一样的，这些因素在设计五星评定时都要加以考虑。

再者，相对于宅急送，顺丰的体量更大，这就意味着针对顺丰的分区要更加科学。顺丰速运在全国有多个区部，每个区部的团队人数参差不齐，面对的区域市场也不同，因此五星评定的标准设计更要进一步做好细分工作。

总而言之，在导入五星评定管理系统的过程中，我结合顺丰的行业特点和企业特性进行了调整，最终也取得了非常好的效果。这是五星评定管理法的第二次升级。

2013年至今：第三次升级——跨类型进入全面复制期

五星评定管理法第三次升级的契机是什么呢？这要追溯到 2013 年我与行动教育集团展开的合作。

迄今为止，我与行动教育集团已经合作了8个年头。在我所讲授的大营销体系当中，五星评定是其中最核心的一个系统的落地工具。8年间我服务了3万多家企业，亲自辅导了300多家企业。由于行动教育的学员覆盖各行各业，因此，在导入五星评定管理系统的过程中，我没有按照行业进行分类，而是按照销售类型将企业分成四种类型。

- 第一种是经销商、代理商、加盟商类型。比如农牧行业、建材行业的品牌商，它们大多只负责建立品牌及生产制造环节，销售体系则是通过经销商、代理商或加盟商来进行打造的。
- 第二种是门店连锁类型。比如从事服装销售、珠宝销售、化妆品销售、婚纱摄影、美容行业的企业，基本都属于门店连锁类型，这类企业的产品大多是直接通过门店来进行销售的。
- 第三种类型是大客户项目制类型。比如从事园林工程、能源、建筑、机械等行业的公司，它们大多直接将产品或项目销售给大客户。
- 第四种是电子商务类型。这种企业主要通过网络在线进行销售。

这四种类型的企业实践证明：无论是哪一种销售型企业，都能成功导入五星评定管理法。迄今为止，已经有3万多家企业导入了五星评定管理系统。尤其是我亲自辅导的三和国际集团、鼎充新能源、永明项目、南格尔、长风美业、圣爱中医馆、铂爵旅拍、澳华饲料、心连心化肥、雨中情集团、金牌橱柜等多家细分领域的龙头和领军企业，它们分属以上不同的四种销售类型。在导入五星评定管理系统的过程中，我会亲自化身这些企业的营销副总裁，结合它们的行业特征和企业特性进行调试和升级，开发出符合它们自身特点的五星评定管理系统，并全程辅导五星评定管理法在企业内部落地。

在为不同类型企业服务的过程中，我们在业绩指标的设计方式上进行了升级，也在过程管理和通关形式的细节上做过一些微调，后续会在文中详述。

坦率地说，最开始我认为这套系统仅仅适用于大物流行业，而它后续的每一次升级都突破了我的想象。接触的企业越多，我越发现一个规律：这些企业虽然业务差别很大，但是管理的差别却没有那么大，几乎都是类似的。因此，在三次大升级的过程中，五星评定管理系统的主体框架并没有大的变化，这也证明了五星评定管理系统的基本逻辑是经得起实践检验的。

在这里，我也要感谢这8年来诸多企业家和高管对我们的信任，感谢这些企业一把手和高管的坚持，感谢这些企业全员上下的配合，是你们使得五星评定管理系统成功地在企业落地生根。

自2015年以来，随着行动教育“校长EMBA”项目开班，许多国外的知名企业走进了我的课程，五星评定管理法也随之走出国门。我期待，未来五星评定管理法能继续迎来跨全球的升级，成为一个真正走出国门的中国本土管理工具。

第2章
五星评定的三位一体

通过上一章对五星评定前世今生的回顾，你可以概览整个五星评定管理法的成长历史。但是，如果仅仅从术的层面去理解五星评定管理法，并按照这个方法去践行，那我们可能会陷入盲人摸象的陷阱。因为五星评定管理法本质上不是一个销售团队的管理工具，而是一个综合性的经营管理系统，它囊括了整个销售团队经营管理的方方面面。

因此，在学习五星评定管理法之前，我先要明确五星评定管理系统的本质是什么，让大家理解践行五星评定管理法的目的和意义何在。接下来，我将顺次从公司、员工和管理者三个视角来阐述这套系统带来的价值。

- 从公司维度来看，五星评定是一个战略执行系统。
- 从员工维度来看，五星评定是一个动能倍增系统。

- 从管理者维度来看，五星评定是一个高效管理系统。

五星评定=战略执行系统

我曾经辅导过一家新能源行业的上市公司导入五星评定管理法，这家公司的营销负责人向我抱怨道："过去，我们对于战略也是有很多好的想法的，但是每到年底都发现，执行起来早已与当初的设想相距甚远，几乎总是完不成既定的目标。"事实上，这种情况并不鲜见。从战略到执行，从来都是一个巨大的管理难题。

为什么战略执行起来会走样？根本还是在于没有真正理解"战略"的定义，没有把战略目标解码为可操作的行动。在《好战略，坏战略》一书中，作者理查德·鲁梅尔特教授提出了一个令我非常赞同的观点：好战略绝对不是一个简单的目标，而是围绕目标形成一系列连贯的经营管理活动，它们不是执行的细节，而是战略的关键组成部分。战略管理大师迈克尔·波特对战略的描述更是一针见血，他说："战略不是一个数，也不是一个口号，比如：要成为行业的第一，这不是战略；要实现100亿美元的收入，这也不是战略。成为行业第一和实现100亿美元收入的路径才是战略。"

因此，真正要化战略为执行，企业不仅要提出一个高远的目标，还必须把达标路径和作战地图画出来。

近两年，我一直在辅导美业领军企业长风美业，其创始人于明山董事长在分享自己的感悟时谈道："大营销系统给我的感觉不是教你如何简单地达成销售目标的一套销售方法和策略，而是真正从战略到落地的一套闭环完整的系统。”

这个从战略到落地的闭环系统为什么能够实现？因为五星评定管理系统提供了一个具体的实施框架。在下文中，我们会详细阐述如何将整个企业的战略目标分解到每个员工头上。凭借五星评定管理系统中的4×5过程管理工具，我们可以画出达成企业战略目标的完整作战地图。这套系统可以把企业的十年战略目标拆解到人、到客户、到产品、到销售动作、到考核周期……这是一个非常细致的战略执行地图。在带领营销部门的十数年职业生涯中，我几乎每年都可以带领团队完成既定的目标，背后靠的就是这套战略执行系统。

我相信，读者阅读完本章的五星评定系统设计，也可以清晰地找到拆解战略目标的方法和路径。

五星评定 = 动能倍增系统

企业达成目标的战略地图画好了，并不等于目标会自动完成。任何一个目标的达成，都是靠人一点一滴做出来的。因此，人应该成为一切管理工作的中心。如何激发销售人员的动力，抑或如何培养销售人员达标的动力？这是接下来企业亟待解决的问题。

很多企业业绩起不来，本质上就是因为忽视了这个问题。曾经有不少老板和管理者请我支着：“陈老师，我们企业遇到业绩增长的瓶颈，您能不能给我们支个着，让我们突破这个瓶颈？”听到这种问题，我总是摇头告诉他们，我没有什么招数能让一家企业业绩快速增长。要解决业绩的问题，我们不能只盯着业绩，而是要盯着人。业绩是人做出来的，如果员工的动力和能力都没有解决，业绩怎么可能增长？

因此，从员工的角度出发，五星评定管理法还必须是一个动能倍增系统。什么叫动能倍增系统？这是我生造的一个词，即一套能同时打通员工动力和能力的复合系统。

五星评定管理系统是如何解决销售人员的动力问题的呢？我们还是要了解人性并回到人性的底层规律来思考。

今天谈到销售团队的管理，很多人都会向我抱怨90后、00后队伍难带，仿佛一切都是新生代员工的问题。有意思的是，就在不久前，一位生于1993年的年轻管理者也告诉我，对于如何管理团队里的95后和00后，他也是一头雾水。这说明什么？真正的管理其实与代际无关，甚至与人无关，而是与人性有关。企业不能把新生代员工当作管理不好的借口，这是明显的归因错误。

人性是亘古不变的。前一段时间我在阅读《吸金广告》一书时，注意到该书作者德鲁·埃里克·惠特曼思考广告文案的逻辑和我思考销售管理的逻辑不谋而合。在该书的开篇，他根本没有提到广告，而是首先带领读者思考人性的底层需求是什么。所以，该书第一章的标题是“人们到底想要什么”。其中，他提出大多数广告客户都忽略了一条基本规律：人们对你毫不关心，他们关心的首先是自己。因此，他所提倡的文案写作方法都基于顾客心理的分析，并且他笃定：只要目标消费对象是人，这些方法就会永远有效。

我们摘录其中最精华的部分，以期对你有所启发。作者提出，根据心理学家多年的研究，人生来有八种欲望。作者把它们称为“八大原力”：

- 生存、享受生活、延长寿命。
- 享受食物和饮料。
- 免于恐惧、痛苦和危险。
- 寻求性侣伴。
- 追求舒适的生活条件。
- 与人攀比。
- 照顾和保护自己所爱的人。
- 获得社会认同。

作者告诉我们，每个人都无法逃避自己对八大原力的欲望，人生来就有这些欲望。这些欲望都已经编入了我们每个人的生理程序。聪明的广告人要做的是，通过广告内容唤起人们八大原力的欲望，创造一种动力激发人们尽快采取行动以满足那种欲望。

实质上，经营管理也是同样的逻辑，员工最关心的不是企业，而是自己。要想做好经营管理，重要的不是你自己想要什么，而是弄清楚员工想要什么。对于员工想要的东西，我们的企业给到位了吗?

比如，仅仅对照这八大原力来看，今天的95后、00后成长于小康时代，第一层次的生存需求可能已经得到满足，而最上面一层的需求——获得社会认同的需求一定会更加强烈，这是不会变的。企业能不能在这些不变的需求上下功夫，把自己的管理工具也接入这八大原力呢?

因此追根溯源，管理的本质就是要找到人性的驱动力。要从根本上解决人的问题，就要让五星评定管理系统接入人的生理程序：用薪酬机制来满足人享受美好生活的需求；用晋升设计来满足与人攀比、获得社会认同的需求；用星级的荣誉感来满足获得社会认同的需求。公司给予员工的回报，不应该局限于薪资、职位和荣誉，还要有学习成长和快乐工作的体验，包括通关培训带来的成长与获得感、目标实现带来的成就感。这些都可以成为激励新生代员工的动力源，企业要在这些方面下足功夫。

正如美国著名的行为科学家麦格雷戈在《企业的人性面》一书中所言：如果组织忽略了“个人的需求和目标”，那么受到伤害的往往是组织本身。所以，我们应该创造条件，使组织成员达成自身目标，同时努力追求组织的成功。其实，古圣先贤在儒家经典《左传》中也写过类似的名句：“以欲从人则可，以人从欲鲜济。”这句话的意思是，让自己的心愿跟随大家的心愿，那样行事就可以成功；如果让大家的心愿跟着你个人的心愿走，则很少能够成功。

当然，满足个人欲望的前提是，员工必须为企业创造相应的价值，承担增长的责任。因为企业不是非营利机构，只有持续发展，企业才有能力满足员工的需求。五星评定管理系统的诀窍就在于，通过星级业绩指标的设计，从一开始就完美地把企业目标和个人目标绑定在一起，进而实现企业目标与个人目标的一致性。

过去，很多企业的管理之所以难有成效，就是因为员工和企业在博弈，很多员工认为目标定得越低，最终完成起来就越容易。如果企业管理不善，最终可能导致员工收入节节攀升，公司的业绩却没有增长。而五星评定管理系统则是先把公司目标分解为星级指标，然后将星级指标与薪酬机制、晋升机制、荣誉机制等挂钩，通过机制设计来牵引销售人员自主设定高目标。

最后，五星评定就成了一套将个人目标与公司目标协同起来的系统：先将企业战略目标分解到各个星级，星级越高，指标越高，相应地应该分配的“名”和“利”就越多。其中，“名”包括星级的荣誉以及职位晋升；“利”包括工资薪酬。通过这套公平分配的规则，企业可以实现“员工拿多少钱，爬到什么岗位，自己说了算”，员工再也不像过去一样，将自己的贡献交给上司去评价，这便实现了制度的公允性。当员工个人目标和公司目标相一致时，内驱动就发生了。在内驱动场景下，员工很容易把企业的目标化为自己的目标。

企业仅仅打通员工的动力系统，激发员工“想做”高星级销售员还不够，还要教会员工“怎么做”。培训体系加上销售秘籍，就完美地解决了能级提升和方法论输出的问题。十多年的实践证明，通过通关培训系统的建设，我们可以打通员工成长的闭环，让员工的能级水平直线上升。其背后是一个能力快速迭代的体系：通关发现不足—提炼共性问题—针对性研发销售秘籍—针对性培训—再通关发现不足，形成良性循环。

很多老板和管理者特别喜欢给销售团队“打鸡血”，以此来解决销售人员的动力问题。但是，“打鸡血”的方式就像给人注射激素一样，这种外源性动力维持不了多久。为了保证效果，企业动不动得来一针，长此以往，团队很可能对“鸡血”产生免疫。要想真正从根本上解决销售人员的动力问题，我们还要设计出激发员工的内驱动机制，让员工心甘情愿地做事——在实现自己目标的同时，帮助企业实现目标。并且，在这个过程中，企业的管理系统还能为销售人员赋能，让普通人做成很牛的事。这就是五星评定动能倍增系统给员工和企业带来的价值。

一言以蔽之，机制驱动比“鸡血”驱动更持续、更有效。一旦机制把员工驱动起来了，就如同开启了高绩效人才的生产线，整套五星评定管理系统就会变成一个高绩效人才的复制系统——它会成为销售人才管理的营盘，源源不断地为企业输送高绩效人才。

五星评定=高效管理系统

销售部门往往是企业的高压中心，曾经有一位销售管理者向我敞开心扉："陈老师，作为管理者，我的内心有着强烈的责任感，我希望上能对得起公司，下能对得起跟着我的员工，让他们真正赚到钱。发自内心地说，我自己的利益都是次要的。所以，作为管理者，我感觉压力非常大，好像永远都在发愁：今天的业绩达成了，明天怎么办？"

如何才能化解对业绩的这种焦虑感？我认为最好的方法是把持续产生业绩的驱动因素找出来。这一切还是要回归到原点——人，关键是如何激励人真正发自内心地想做、会做。在解决员工动力和能力的前提下，如果再辅助他们找到达标路径，那么未来的业绩就是有保障的。如果用数学公式来表达这个逻辑，那么我们可以将其简化为：

持续性业绩＝想做 × 会做 × 达标路径

围绕这个业绩公式来思考，管理思路就清晰了：一是要让员工想做，企业就必须打通员工的动力系统，其中包括薪酬机制设计和人才通道设计；二是要让员工会做，企业就要建设员工的能力系统，其中包括通关培训设计及销售秘籍设计；三是要找到达标路径，企业则需要梳理清楚自己的作战地图，做好过程管理设计。因此，每一个因素的背后，都需要若干子模块和小系统的支撑。而五星评定管理系统的逻辑就是，把所有子模块集成在五星评定这一个大系统之内，帮助管理者以最低的成本来做管理。

因此，从管理者维度来看，五星评定还是一个高效管理系统。整个五星评定管理系统串联起了六个销售管理子系统，其中包括：

- 业绩指标设计。
- 过程管理设计（作战地图设计）。
- 通关培训设计。
- 销售秘籍设计。
- 薪酬机制设计。
- 人才通道设计。

当然，我观察到很多企业也设计了以上六个销售管理子系统，这些企业的六个管理子系统通常交由不同部门来负责，比如：业绩指标设计和过程管理设计通常是由销售部门自己来负责的，通关培训设计通常是由培训部门来负责的，而薪酬机制设计和人才通道设计则是交给人力资源部门来负责。如此一来，在实际经营当中，这六个子系统之间是分裂的。但是，它们本质上都属于一个不可分割的整体，六个子系统环环相扣，缺少了任意一环，驱动业绩增长的因果链条就会断掉。

而五星评定管理系统之所以高效，在于其形成了闭环管理，大闭环中有中闭环，中闭环中又有小闭环。系统中的每个元素之间都有着千丝万缕的关系，每一个管理工具之间都是环环相扣的，并且所有管理都围绕战略目标形成了一致性。因此，在顶层设计上，我们就将这六大子系统全部串联起来，将业绩指标、过程管理、通关培训、销售秘籍、薪酬机制和人才通道设计全部打包到五星评定这套大系统之内，用一个大系统工具一站式地解决员工关心的所有问题。

读完这本书，聪明的读者就会发现：五星评定从最后的表现形式上看，呈现出来的只是几张工具表格，但是这几张表格背后是一套精心设计的、环环相扣的科学管理系统。企业需要的也不是填表的成果幻觉，而是真正要让五星评定管理系统发挥强大的效用。要做到这一点，就必须将五星评定配套的六个子模块都落实到位，并且使这六个子模块形成闭环经营。

当然，这些子系统还只是冰山之上可见的部分。要想让这六个子模块真正发挥作用，我们还要践行冰山之下不可见的部分——全员上下都必须认同和实践大营销哲学（见图 2–1）。只有对营销的战略、架构、管理、机制、流程、策略等有正确的认知，并以其为土壤，才能真正孕育出有效的五星评定管理系统。否则，如果仅仅把五星评定作为一种招式、一个捷径来导入，那么它在运作的过程中就会走形，也很难真正成为企业的管理之舵。

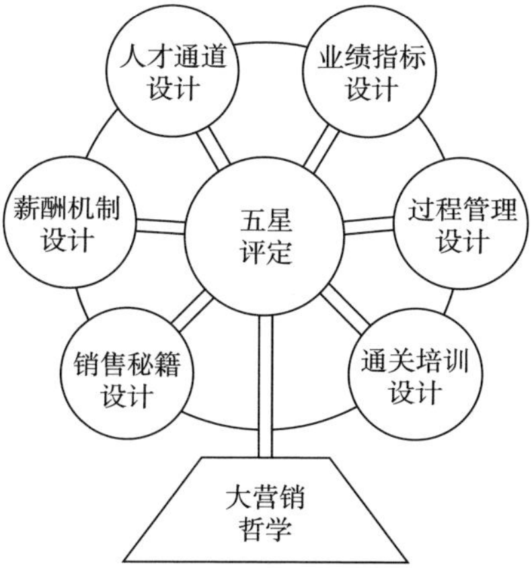

图2–1　五星评定——管理之舵

综上所述，我们可以给五星评定管理系统下一个完整的定义：从公司维度来看，它是一个战略执行系统；从员工的维度来看，它是一个动能倍增系统；从管理者维度来看，它是一个高效管理系统。它集三位于一体，最终将实现企业业绩持续增长、员工自动自发工作和管理者高效管理的闭环。

第 3 章

子模块 1：业绩指标设计

新增业绩的自定义

从本章开始，我们将渐次为大家介绍基层销售岗五星评定管理系统设计的六大模块。这一章我们先来拆解五星评定管理系统的第一个子模块：业绩指标设计。在讨论业绩指标的设计原则之前，我们先要梳理清楚：业绩指标在整个五星评定管理系统当中扮演什么角色呢？

业绩是评价销售人员价值贡献最重要的结果指标，但是业绩是"果"，不是"因"。要想果上可控，企业必须在因上努力。而在五星评定管理系统当中，业绩指标是结果指标，而过程指标和通关指标都是动因指标，用以保障结果指标的达成。因此，后续所有子模块的设计，其实都是基于业绩指标这个中心点来展开的。如果把业绩指标设计喻为GPS（全球定位系统）的定位终点，那么所有动因指标都属于GPS的路径规划与设计的范畴。

企业应该如何来设计业绩指标呢？十多年前，我们在刚刚开展五星评定时，其实也走过弯路。确切地说，那时候的业绩指标其实是凭感觉来设计的，背后没有一套科学的算法，更没有与公司的战略目标相结合。后来经过多年不断的探索与进化，我们才逐渐从实践中提炼出业绩指标设计的五大原则，这五大原则是决定业绩指标设计是否科学的关键所在。

在阐述业绩指标设计的五大原则之前，我们先要清晰地定义业绩的两大考核指标：总业绩和新增业绩。否则，一旦业绩考核指标的定义不清晰，后续的设计原则就无法深入。

曾经有不少人疑惑：陈老师，为什么五星评定管理系统必须同时进行双业绩指标考核？答案其实在前文中已经阐述过了，这里我再深入展开一下。

要回答这个问题，我们要回归到对营销的认知层面。今天，很多企业对营销的认知是把东西卖出去，但是我认为这不是营销的本质。营销的起点是发现用户需求，终点是持续满足用户需求，为客户创造终身价值。

既然企业要为客户创造终身价值，那么从一开始的顶层设计上，企业就必须对客户进行全生命周期管理，而全生命周期管理不是一个销售部门能够承接起来的。从售前、售中到售后，我们都必须建构相应的部门来支撑。因此，在大营销体系当中，从市场部到销售部，再到客服部，这三大部门共同构成了大营销部门的内部价值链，合力为用户创造终身价值（见图3-1）。

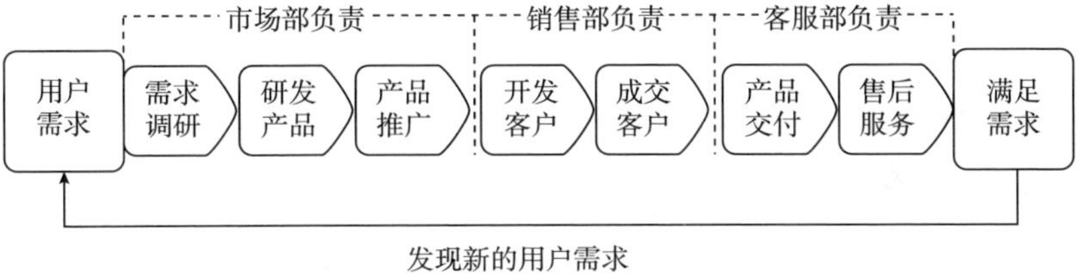

图3-1　大营销内部价值链

三大部门之间拥有不同的功能定位及协同关系：市场部负责锁城定位，销售部负责攻城占位，客服部负责守城上位。当企业发展到一定规模时，营销部门必然三分天下，各司其职。市场部门是空军，包括产品研发、市场调研、品牌创意、公关广告、市场推广等都属于空军布局的范畴。空军负责锁城，专门为销售部门提供方向定位和攻城武器。销售部门是陆军，负责攻城略地，需要专注于开发客户，帮助企业更好地占位。销售部门将客户攻下来以后，并不需要又当爹又当妈，只要将客户交给客服部门来守城即可。客服部是海军，通过大数据分析来做客户的维护管理，不断深挖老客户的新需求，进而实现企业的真正上位。接下来，客服部挖掘出来的新客户需求又反馈到市场部，指导市场部研发更加匹配新需求的产品和服务，为销售部提供更明确的方向和更加精良的武器……长此以往，便可形成正向自循环。

在这个自循环的过程中，企业就可以不断地将变化的客户需求传导到企业内部，并且前置到产品研发之前。顾客也能通过海陆空三个部门的循环体系，参与到产品研发的过程当中。最终，其实是由三大营销部门与顾客共同创造了更匹配用户需求的产品和服务。唯有如此，才能保证供给端提供的产品始终与需求端不背离，才能保证企业的产品始终跟随客户的需求不断地迭代，持续满足客户的新需求。这也是海陆空三军联合作战最大的价值所在。

一旦企业将营销部门内部价值链梳理清楚了，各部门之间的协同性也就自动显现出来了。每个人都了解彼此业务之间的关系，大家就会形成一股更大的合力。

在大营销体系的组织架构当中，销售部门的定位是攻城，其最核心的任务是开发新客户。所以，我们要把新增业绩单独列出来，作为一个重要的考核标准，以此来牵引销售人员多开发新客户，这是由销售部门的职能和定位所决定的。同理可知，如果企业要对客服部门开展五星评定，那么需要考核的就不是新增业绩，而是老客户业绩，因为客服部门的定位是守城。

理解了这一点，我们再来研究五星评定管理系统中考核的两个业绩指标应该如何定义。

何为总业绩呢？总业绩即销售人员在一个五星评定周期内所有业绩的总和。这个定义不言自明，无须赘言。相较之下，新增业绩的定义方式就复杂得多了。关于新增业绩的定义，其实是没有标准答案的。每家企业的战略需求不一样，对于新增业绩的定义方式也各不相同。从当前的企业实践中总结下来，新增业绩一般有以下三种常见的定义方式。

- 新客户产生的业绩。
- 新产品产生的业绩。
- 新市场产生的业绩。

当然，以上三种只是常规的定义。具体应该如何定义新增业绩，通常是根据企业的战略需求而定的。我们对此不预设标准答案，只要企业能向员工表达清楚并与员工达成共识即可。而且，这个定义并非一成不变的，它还应该与战略需求保持一致，根据企业不同阶段的战略需求改变定义方式。

假设某企业在2020年第三季度的战略重点是开拓日本这一新市场，那么企业可以将日本市场所产生的业绩作为新增业绩的定义。随着企业在日本市场打开局面，2020年第四季度，企业想在日本市场重点推广一款新产品A。那么，在下一个季度的五星评定当中，企业可以改变新增业绩的定义，将产品A贡献的业绩定义为新增业绩。因此，新增业绩的定义不是死的，而是活的，企业随时可以根据自己的战略需求重新定义新增业绩。

曾经有一位销售总监问我："新增业绩在总业绩中的占比设计有什么可参考的数据吗？"这是一个好问题，因为在正常情况下，新增业绩在总业绩中所占的比例也会经历一个动态变化的过程。

从我自己操盘的经验来看，当一个新项目投入市场时，企业前期的首要任务是抢占新市场，因此，这一阶段新增业绩的指标可能占总业绩比例更高一些。比如，一开始新增业绩指标将占到总业绩指标的80%以上。换言之，假设五星级销售员的总业绩目标值为100万元，那么他的新增业绩目标值将大于80万元；等到后期市场稳定以后，新增业绩在总业绩中所占比例应该逐步下降到50%以下，假设五星级销售员的总业绩目标值设定为100万元，此时的新增业绩目标值应该降低到50万元以下。

其实，从新增业绩在总业绩目标值中占比的变化来看，我们基本可以判断出这个项目运营质量是否良好。相反，如果新增业绩在总业绩中一直占比很高，那就暴露出一个严重的问题——这家企业没有黏住老客户。这一现象背后可能存在两种原因：要么是因为这家企业的产品缺乏竞争力，导致客户复购率比较低；要么就是这家企业后续的服务出了问题，导致客户的满意度不高。因此，在设计新增业绩的过程中，我们要密切关注新增业绩在总业绩中的占比是否合理。

厘清总业绩和新增业绩的定义后，我们再来探讨业绩指标设计的五大基本原则。

原则1：星级越高，指标越高

业绩指标设计的首要原则是“星级越高，指标越高”。

这个原则不难理解：五星评定管理系统本质上是一套科学的

价值评价体系，因此，员工的星级越高，需要承担的业绩指标相应也越高。如表3–1所示，这是一家大客户项目制企业设计的五星评定管理系统。这家企业从一星级销售员到五星级销售员，无论是新增业绩还是总业绩，目标值都是逐步递增的。以表中的新增业绩为例，从一星级到五星级销售员的差额依次为10万元、15万元、20万元和20万元，新增业绩目标值呈梯度递增。同理，总业绩目标值的设计也遵循相同的规律。

表3–1 某大客户项目制企业五星评定管理系统

星级评定标准（2020年第三季度）					
星级	新增业绩（万元）	总业绩（万元）	过程得分	通关成绩	评定工资（元）
五星级	80	350	90	90	6 000
四星级	60	250	80	80	4 000
三星级	40	200	70	70	3 000
二星级	25	150	65	65	2 500
一星级	15	100	60	60	2 000

原则2：星级越高，人数越少

业绩指标设计的第二条原则是“星级越高，人数越少”。这貌似是一句正确的废话，但这条原则背后其实内藏玄机。

我观察到很多企业在这一点上容易陷入误区：很多企业家和管理者认为五星评定是要将所有员工进行分类，并给每个销售员贴上不同星级的标签。恰恰相反，企业要让一半以上的销售员无法被评为星级销售员。如果人人都可以被评为星级销售员，那么五星评定就失去了原有的魅力，也违背了我们设计五星评定的初衷——让星级成为一种荣誉。

事实上，五星评定中的星级除了绑定薪酬、职位等物质激励外，其名称也是一种精神激励。星级的稀缺性决定了它本质上就是一种荣誉资产，是企业内部铸造的一枚社交货币。通过五星评定管理系统，员工能更直观地看到自己对组织的价值贡献，这些贡献会以星级的方式外化为一枚“星级徽章”，并被包装成一种地位象征，体现出比别人更优越的价值感和成就感。

如果玩过手机游戏，那么你可能注意到了，游戏系统特别喜欢给玩家发放各种勋章，其目的就是让玩家相信自己的行为是会带来成就的。

从这个角度来看，五星评定就是一场关于荣誉的竞赛游戏，这场游戏的本质就是帮优秀的销售人员赚取比别人更优越的社交货币，这是企业提供给销售人员的另外一种收入。随着95后和00后等新生代员工迈入职场，对成长于小康时代的新生代而言，物质的激励效用可能会越来越弱。反而像星级这样的社交货币对他们来说更有吸引力，带来的激励价值更持久，甚至可能会超越真实货币本身。所以，在设计员工的动力系统时，我们不能忽略星级本身就是一种无形的荣誉资产。企业不仅要摆脱永远靠发奖金的传统激励模式，还要通过机制设计来激活荣誉资产！

基于这个认知，我们在设计五星评定的目标值时，必须提高标准，确保一半以上的销售员无法被评为星级销售员。只有这样，才会真正让星级成为一种荣誉，让员工感受到被评为星级销售员是一件非常荣耀的事情。

具体而言，各星级销售员的比例应该如何设计呢？经过反复测算和验证，我们可以给企业提供一个可参考的比例区间。

- 五星级销售员的建议比例：1%～2%。
- 四星级销售员的建议比例：2%～3%。
- 三星级销售员的建议比例：3%～5%。
- 二星级销售员的建议比例：5%～10%。
- 一星级销售员的建议比例：10%～20%。

最终，企业中能被评上星级的销售员应该不超过销售团队总人数的40%，这就符合我们之前提过的准则——要让一半以上的销售员无法评上星级。

因此，为了保证五星评定运行的效果，在业绩指标设计完成以后，企业还需要试运行1～2次。如果试行下来，我们发现60%以上的销售人员都被评定为三星级以上，那就说明企业的业绩指标设计过低。相反，如果第一次试行下来，发现没有人能被评上三星级以上销售员，那就说明我们的指标设计过高，也需要马上做出相应的调整。

原则3：衡量指标可选择收入、个数和三大率

业绩指标设计的首要原则是“指标越高，星级越高”，那么，企业应如何来衡量业绩指标呢？在实际应用过程中，我发现大多数企业会自动将业绩指标等同于销售收入。然而，从我对各行各业的观察来看，业绩的衡量指标可以有多种选择方式，其中最常见的衡量指标包括以下三种。

填写收入

如表3–2所示，这是一家大客户项目制企业基础销售岗的五星评定管理系统，这家企业就选择了以销售收入为衡量指标，这也是最常见的一种衡量方式。

表3–2　某大客户项目制企业五星评定管理系统（按照收入评定）

星级评定标准（2020年第三季度）					
星级	新增销售收入（万元）	总销售收入（万元）	过程得分	通关成绩	评定工资（元）
五星级	160	700	90	90	6 000
四星级	120	500	80	80	4 000
三星级	80	400	70	70	3 000
二星级	50	300	65	65	2 500
一星级	30	200	60	60	2 000

但是，这里还存在一个问题：收入一定代表销售收入吗？不一定。事实上，每家企业都有自己特殊的基因，在设计五星评定的考核指标时一定要灵活，结合自己的行业特性和企业实情来设计业绩考核指标。

比如，我曾经服务过一家建筑企业，这家企业的主营业务是承接各类企事业单位的工程项目。从销售类型来看，这家企业属于典型的大客户项目制企业。这家企业最头疼的问题是什么？项目回款问题——虽然工程完工了，但是项目款回收困难。过去这家企业考核的是销售人员的合同额，后来为了解决回款问题，它的销售总监在设计五星评定时，将回款收入作为总业绩和新增业绩的考核指标，如此一来，就大大改善了回款难题。

此外，无论是销售额还是回款额，企业通常都以“元”作为衡量收入的单位。但是，也有一些行业属于例外。比如，我曾经服务过不少农牧行业的上市公司，无论这些公司的主营业务是经营化肥还是饲料，它们大多以“吨”作为收入的衡量单位。与此类似的是，很多建材行业的企业会以“立方米”作为收入的单位。

填写个数

所谓个数，通常是指销售人员成交的客户订单个数。如表3-3所示，这是一家电商企业设计的五星评定管理系统，这家企业基层销售人员的业绩指标就是用个数来衡量的：一是考核总客户订单数，二是考核老客户转介绍的订单数。

显然，这家企业是将老客户转介绍订单定义为新增业绩。由此我们可以判断：这家企业是将客户转介绍作为其核心的营销手段，因此在考核指标的设计上，它选择了老客户转介绍订单个数作为考核指标，其目的在于引导销售人员重点发力老客户转介绍。

表3–3　五星评定管理系统（按照订单个数评定）

星级评定标准（2020年第三季度）									
星级	总订单数（个）			老客户转介绍订单（个）			过程得分	通关成绩	评定工资（元）
	A类	B类	C类	A类	B类	C类			
五星级	80	130	170	32	52	68	90	90	6 000
四星级	75	115	150	26	40	52	80	80	5 000
三星级	70	105	140	21	31	42	70	70	4 000
二星级	65	95	130	16	23	32	65	65	3 500
一星级	60	90	120	12	18	24	60	60	3 000

这里需要特别提醒一下：在填写个数时，公司必须从金额和时间两个维度来设置好清晰的门槛及标准。

一是设定金额标准，例如，公司可以提前约定好：客户单笔交易金额达到500元以上，才能视作一个合格的订单。为什么要设定金额标准呢？这与我自己的一次教训有关。

多年前，我还在一家公司负责华东市场，公司内部就发生过这样一个小插曲。一名销售人员与客户私交甚好，后来不知道他用了什么方法，说动客户专门为他注册了三家新公司。然后，该销售员将过去一家公司的成交金额分摊到四家公司。这种“作弊”的操作方式，既虚增了这名销售员的新增业绩，同时也虚增了总业绩的客户订单数。最后，我们还是在发货的过程中发现了端倪——公司负责发货的同事发现，这几家公司填写的都是同一个发货地址，这才曝光了该销售员的作弊行为。

二是设置时间门槛。如果销售人员今天开发了客户，结果双方合作没有两天，客户就流失掉了，那么这种情况也不能视为一个合格订单。因此，企业还必须设置最低的时间门槛。

总而言之，选择填写个数为业绩衡量指标的企业，在设计五星评定管理系统时，一定不要忘了设置金额标准和时间门槛，这些都是在实际销售管理当中极易疏忽的细节。

填写三大率

业绩的衡量指标除了填写收入和个数之外，还可以选择填写三大率，即目标完成率、收入增长率和市场占有率。

比如，在为企业做辅导的过程中，我发现某些门店型企业在当地市场已经深耕了数十年，当地的市场潜力已经被挖掘殆尽。此时，如果还是机械地考核新增客户，那么效果可能会不尽如人意。针对这种成熟市场的门店，企业就可以选择填写目标完成率。

如表3-4所示，这是一家门店型企业为基层店员设计的五星评定管理系统。这家企业为门店店员设定了一个季度目标，并以这个季度目标作为业绩考核的基准线。五星级销售员目标值设定为完成率120%，其他星级的业绩目标值从上往下依次设定为110%、100%、90%、80%。

表3-4　某企业五星评定管理系统（按照目标完成率评定）

星级评定标准（2020年第三季度）					
星级	重点品种业绩完成率（实际业绩/任务）	总业绩完成率（实际业绩/任务）	过程得分	通关成绩	岗位津贴（元）
五星级	120%	120%	90	90	2 500
四星级	110%	110%	80	80	2 000
三星级	100%	100%	70	70	1 500
二星级	90%	90%	65	65	1 000
一星级	80%	80%	60	60	600

注：（1）评定周期：每季度一次评定，每年1月、4月、7月、10月评定。

（2）重点品种：高毛利品种。

（3）过程得分：4×5过程考核得分。

（4）通关成绩：笔试与情景模拟通关的平均分。

除了填写目标完成率，企业还可以选择填写收入增长率。收入增长率一般分为两种情况：一种是同比收入增长率，即与上一年同期业绩相比，当年的收入增长率；另一种是环比收入增长率，即与上月或上一季度业绩相比，当月或本季度的收入增长率。企业可以根据自己的实际需求来选择。

第三大率是指市场占有率，即企业在一个目标市场内占有的市场份额。但是，考核市场占有率有一个前提，必须建立在市场部发育成熟且行业数据完善的基础上。在大部分情况下，我还是建议企业填写目标完成率或收入增长率。

那么，我们如何评估自己的企业适用于哪一种考核方式呢？主要取决于以下两点。

一是取决于企业的销售类型。不同的销售类型衡量业绩的方式不同，比如：门店连锁型企业比较适合以目标完成率来衡量，因为线下门店通常会受到区域限制，地盘不太容易扩张；而电商企业则更适合以市场占有率来衡量，因为电商行业属于赢家通吃型的行业，往往一家独大，老二、老三的生存空间都不大。这是由不同销售类型的特性所决定的。

二是取决于企业业务本身的生命周期。假设企业的某项业务正处于初创期或高速成长期，那么它在这一阶段的首要任务是做大收入。此时，企业设计五星评定管理系统时就可以采用收入增长率。如果企业的某类业务已经进入成熟期甚至衰退期，市场空间已经趋于饱和，那么企业在设计五星评定管理系统时，不妨直接考核销售人员的目标完成率。

总而言之，选择哪一个指标作为业绩的衡量单位不可一概而论，我们一定要结合企业自身的特性和需求来判断。企业只需记住一个原则：衡量指标本质上就是企业的指挥棒和风向标。因此，企业要什么就考什么，考什么就评什么，评什么就会得什么！

原则4：定格四星级

业绩的衡量单位确定以后，接下来我们来解答这样的问题：从一星级销售员到五星级销售员的业绩目标值应该如何设计？下面两个设计原则就是为了回答这一问题而制定的。

我们先来介绍业绩指标设计的第四个原则——定格四星级。所谓“定格四星级”，是指在五个星级当中，企业应该率先计算出四星级销售员的总业绩和新增业绩目标值。

如何计算四星级销售员的业绩目标值呢？我们先要将上一年度的业绩标杆找出来。当然，总业绩标杆和新增业绩标杆可能是同一位高手，也可能不是同一个人。

这里还涉及一个细节问题：如何定义上一年度？一般来说，我们对上一年度有两种定义方式：假设现在是2020年7月10日，企业可以将2019年1月1日至2019年12月31日视为一个年度，也可以将2019年7月1日至2020年6月30日视为一个年度。企业可以根据自己的实际情况，自行选择一种年度定义方式。

假设某企业上一年度标杆总业绩为1 000万元，这家企业每半年开展一次五星评定，那么四星级销售员总业绩目标值=1 000 ÷ 2=500万元；假设这家企业每个季度开展一次五星评定，那么四星级销售员目标值=1000 ÷ 4=250万元。

新增业绩也遵循相同的设计逻辑。假设去年新增业绩标杆的新增业绩为400万元，那么对于半年评定的企业而言，四星级销售员新增业绩的目标值=400 ÷ 2=200万元；如果企业开展季度评定，则四星级销售员新增业绩的目标值=400 ÷ 4=100万元。

以上就是四星级销售员业绩目标值的计算公式。对于大多数企业而言，这个简单的公式就够用了。但在实际操作过程中，还存在某种特殊情况。

曾经有一家企业在核算四星级销售员业绩目标值的过程中，发现了这样一个棘手的问题：这家企业的总业绩标杆是一位特别厉害的销售高手，一个人几乎贡献了公司近一半的销售额。如果按照这位标杆的业绩来设计四星级销售员总业绩的目标值，那就意味着其他销售员都不可能达到四星级标准。针对这种情况，企业要如何处理呢？

处理方式其实并不复杂。如果公司内部某位标杆的业绩非常突出，这就说明这位标杆已经具备了销售特种兵的专业水准。此时，企业不要将其纳入基础销售岗的五星评定，而要将其单独抽调出来，专门负责大客户开发。如果企业内部此类精英比较多，那么它可以单独成立一支特种兵团队，然后专门针对特种兵团队设计一套单独的五星评定标准。

原则 5：结合年度销售目标及人员规划

四星级销售员的业绩目标值设计好了，那么，剩下四个星级的业绩目标值应该如何设计呢？这就引出了业绩设计的第五个原则——结合年度销售目标及人员规划。

要运用好这一原则，首要前提是企业有能力制定出科学的年度销售目标。8年来，我服务了大量的中小民营企业，我发现大部分企业在目标设定上都不科学，这是制约很多销售型企业发展的一大痛点，其中最为典型的便是“销售四拍”现象。

何谓“销售四拍”？很多企业每年年初老板拍脑袋，定下一个高目标。销售老总信誓旦旦地拍着胸脯说：“老板，保证完成任务！”到了年中，销售负责人发现目标只完成了不到20%，心中懊悔不已，直拍大腿说：“目标定高了！”到了年末，年度业绩离预期目标还有一大截，总得有人承担后果，因此一部分管理者就不得不拍屁股走人了！

事实上，真正科学的年度目标应该如何设定呢？设定科学的目标通常有两种方法：一是战略定标法，二是战术定标法。所谓战略目标，指的是企业10年的长远目标规划；所谓战术目标，指的是当下这一年的年度目标。

假设一家企业的战略目标是10年内成为某细分行业的龙头老大，那么这个战略目标该如何分解到每一个销售人员头上？企业又该如何将大家统一到这个战略目标上来呢？这是很多企业都解决不了的问题。

其实，以下内容在我的第一本书《大营销管控》中有详细的阐述，熟悉的老读者可以直接跳过这部分内容。但是，由于定标方法对五星评定能否发挥效用起着举足轻重的作用，因此，这里我们仍然有必要为新读者阐述定标背后的逻辑。

战略定标法：以终为始反推，将战略目标分解为战术目标

在20多年的职业生涯当中，我追随过不少名副其实的大企业家，也见识过形形色色的小老板。在我看来，这两类人最大的不同在于他们的思维方式的差异性。真正的经营高手通常拥有终局思维和未来思维，他们在设定目标时，至少要放眼未来10年。正是在这些经营高手身上，我学习并领悟到了战略定标法。

什么是战略定标法呢？举个具体的例子：A企业未来想在某个细分领域拿到行业第一的位置，那么按照目前行业龙头的体量以及平均增长率来计算，这家企业10年后的年营收达到100亿元才有机会成为这个细分领域的龙头。这就意味着，这家企业10年的长期战略目标必须设定为100亿元。接下来，以100亿元的战略目标为终点，反推出10年、5年、3年、1年的目标。

如何反推呢？我们先要计算出未来10年的平均增长率。如前所述，A企业今年的销售额是1亿元，10年后的战略目标是年收入100亿元。四舍五入后，企业在10年内平均每年稳健增长率大约为60%。当然，60%只是平均数，考虑到企业发展的规律，我们不妨将这家企业未来10年的增长率划分为如下三个阶段。

- 第一阶段：第1年~第3年。按照多年的实践经验，任何一家企

业要导入五星评定管理法并初见成效，这个过程一般需要2～3年的时间。随着五星评定管理法的导入，企业在这一阶段的增长速度会平稳上升。

- 第二阶段：第4年～第7年。当企业全面导入五星评定管理法后，业绩马上就会进入井喷期。因此，在这一阶段，企业的增长率应该会远超平均增长率。
- 第3阶段：第8年～第10年。随着企业的营收规模越来越大，在这一阶段，企业的增速可能会有所放缓。

因此，企业需要根据自己的实际情况，将收入增长率分为若干阶段，在每一阶段适当平衡每年的增长率。

关于这个话题，我在这里要稍微展开一下。在实际咨询的过程中，我发现很多企业在设定长期目标时容易犯两个错误。

很多企业在设定10年目标时，习惯基于历史数据和现有资源来推导未来的战略目标。本质上，它们设计战略目标不是以终为始，而是以始为终，只敢在历史的基础上乘以一个很小的系数。这种错误的思维方式在很多老板和管理者心目中根深蒂固，在传统企业身上表现得尤为如此。

为什么这种思维方式如此普遍？这是因为过去许多传统企业销售团队的管理体系没有搭建起来，企业业绩经常出现“过山车现象”，导致很多老板和高管对于未来没有信心，在制定长期战略目标时非常保守。曾经有一位门店连锁企业的创始人，他是该行业的创业老兵，深耕行业30余年，2019年公司全年销售额是2亿元。但是，在设定团队的10年战略目标时，他给我的答案竟然是20亿元。我直言不讳地提醒他：这个10年目标太低了，无法支撑其成为细分行业第一的战略定位。

事实上，在调研这家企业的高管团队时，我发现这家企业的核心高管有极大的欲望想做行业第一，用他们自己的话说："再过10年我们就退休了，我们希望自己退休时告诉自己的子孙，当年我在一家百亿企业里做过高管，而不是一家年营收2亿元的小企业里。"因此，我几乎可以断定，如果这家企业的增长速度无法跟上员工期望的增长速度，那些雄心勃勃的优秀人才势必会流失。随着核心人才的流失，这家企业也将变得越来越平庸。

因此，为什么企业要定行业第一的高目标？因为如果没有高目标，没有可持续增长的业绩，整个五星评定管理系统其实就是一句漂亮的空话。试想一下，一家企业业绩不增长，团队不扩张，怎么为优秀人才创造更多晋升机会呢？又怎么为他们提供高薪酬呢？所以，整个五星评定是一个大激励系统，这个激励系统是建立在企业高增长这块地基之上的。如果没有高增长，这个激励系统就运转不下去了。

我们不妨再往下思考一层：为什么大家都不敢设定高目标呢？我仔细研究下来，发现根源还是在于找不到实现高目标的路径。

过去，这家门店型企业实现增长的逻辑是什么？老板和高管普遍都认为，要想企业业绩翻倍，门店必须翻倍，管理人员必须翻倍，员工必须翻倍。但是，如果企业能够实现系统驱动，科学地导入五星评定管理系统，业绩增长的逻辑就变了。同样还是这些高管和员工，假设过去人均年销售收入100万元，接下来，能不能通过系统赋能，最终将人均年销售收入从100万元变成300万元呢？当然有可能。按照我们过去服务企业的经验来看，很多企业门店数量增加1倍，业绩能够增长2～3倍。因为在五星评定管理系统的赋能下，管理者的管理效能会得到大幅提升，同时销售人员的人均效能也能大幅提升。

因此，在定目标的环节，企业家和高管一定要摆脱过去的逻辑，站在未来战略目标的基础上，放大自己的格局和梦想。庸者记录过去，强者着眼未来。正如战略大师加里·哈默尔所言："纵观产业发展史，你就会发现，在过去100多年崛起为全球领袖的公司，无一例外都是怀着与它们现有资源和能力不相称的远大抱负起步的。"

这是一类企业，它们的问题在于定目标时过于保守。另一类企业会走向另一个极端，定目标通常会过于激进。这类企业通常只提出了一个宏伟蓝图，并没有制订具体的行动方案。

比如说，我曾经接触过这样一家创业型公司，这家公司创业时间不长，创业短短几年年营收规模已经达到了一个亿。过去几年，这家企业每年增长率都在100%以上。因此，该团队将企业10年后的战略目标设定为1 000亿元，平均每年稳健增长100%。我坦诚地告诉他们：这个过程恐怕并非想象的那般轻松。要持续实现每年

100% 的增长率，就意味着这家企业的业绩和管理必须同时做到每年翻倍。我相信，以这家企业目前的冲劲，业绩持续翻倍是有可能达成的，但管理持续翻倍却非常困难。

近年来，市场上出现了一批红极一时却又迅速消亡的企业，它们失败的根源就在于业绩跑得太快了，背后的管理没有跟上。一旦管理跟不上业绩成长的节奏，企业跑得越快，埋下的隐患就越大。因为高速成长一开始会掩盖很多问题，最后问题全部爆发出来，很可能会将企业打入深渊。

战术定标法：三定三看三做一结合

在战略目标定好以后，我们继续来拆解如何设定当年的战术目标。在过去 20 多年的实践中，我提炼出了一套独特的战术定标方法，可以归纳为“三定三看三做一结合”。

“三定”

所谓“三定”，即定三大目标：挑战目标、合理目标和保底目标。这三大目标与五星评定管理系统中各星级的业绩目标值相挂钩，因此，这三大目标的设定必须科学，既不能过高，也不能过低。

销售目标设定得过高会产生什么问题呢？会导致员工自信心受打击，让他们产生消极情绪。

我曾经见过一家企业，其上半年才完成全年目标的 20%，老板却向员工宣称："如果谁能完成目标业绩的300%，奖励奔驰汽车。"事实上，当企业设计了一个根本不可能实现的目标时，即便奖励火箭也无济于事。企业提出的挑战性目标，一定是让员工跳起来就能够得着的"苹果"，只有面对一个可能实现的目标，大家才会竭尽全力去争取。如果大家都不相信这个目标能实现，那么这个目标就失去了激励的价值。因此，这种假大空的高目标对企业的伤害巨大，不仅没有激励效果，反而会打压销售人员的士气。

相反，如果企业目标定得过低，员工轻而易举就能完成目标，那么这不仅会让整个团队陷入骄傲自满的状态，还会导致员工的潜能得不到激发。因此，销售目标过高或者过低，都是会影响团队士气的。

那么，如何才能制定出让员工跳起来就够得着的目标呢？我们要分成两种情况来考虑：一种情况是行业增长率＞20%，另一种情况是行业增长率≤20%。

先来看第一种情况。假设B企业去年的销售额为1亿元，按照战略目标以终为始来倒推，B企业今年定出来的合理目标为1.5亿元。我们调研的行业数据显示，这家企业所在行业增长率为40%。显然，B企业的行业增长率大于20%。此时，保底目标和挑战目标应该如何设定呢？

在行业增长率大于20%的前提下，我们建议这家企业的挑战目标和保底目标在合理目标的基础上，上下分别浮动20%。如此一来，B企业的三大目标就设计好了：

- B企业的合理目标=1.5亿元
- B企业的挑战目标=1.5亿元×（1+20%）=1.8亿元
- B企业的保底目标=1.5亿元×（1–20%）=1.2亿元

我们再来看第二种情况。假设C企业去年的销售额也是1亿元，但是由于行业不景气，行业平均增长率只有10%。所以，C企业今年制定的合理目标为1.2亿元。显然，C企业所在行业增长率≤20%，那么，此时C企业的挑战目标和保底目标如何设定呢？针对这种情况，挑战目标和保底目标上下浮动的比率可以设计为5%～10%。假设我们取上下浮动10%，那么C企业的三大目标分别为：

- C企业的合理目标=1.2亿元
- C企业的挑战目标=1.2亿元×（1+10%）=1.32亿元
- C企业的保底目标=1.2亿元×（1–10%）=1.08亿元

请注意，无论上下浮动的比例选择5%还是10%，我们都要保持挑战目标和保底目标上下是对等的。千万不能挑战目标上浮10%，保底目标下调5%，这会给员工造成不公平的感觉。

“三看”

“三定”之后，我们还要“三看”：“三看”既包括宏观层面的“三大看”——看历史、看趋势、看标杆，还包括微观层面的“三小看”——看产品、看团队、看客户。

首先，在设定目标时，企业要参考前三年的数据，目标不能定得太离谱。如果公司前三年增长率都小于20%，今年突然设定为100%，这就属于好高骛远。

如果是一家初创企业，没有前三年的历史数据，这时候它该怎么办？它可以看行业的发展趋势，即行业规模的增长幅度。既然企业的战略目标是未来10年成为行业第一，那么企业增长率一定要跑赢行业大盘的平均增长率，否则永远也做不了第一。过去我在企业带团队时，设定的合理目标通常是行业规模增长幅度的1.3 ~ 1.5倍。也就是说，假设我们所在的行业规模平均增长幅度是50%，那么企业设定的增长率最好定到65% ~ 75%，这是我在经营过程中摸索出来的一个规律。根据过去在宅急送和顺丰的经验，几乎每年实际的增长率都是符合这一规律的。

看完趋势以后，我们还要看一下标杆。如果这个行业标杆企业的规模增速是50%，那么你设定的目标增长率必须大于60%，因为当下的规模比标杆小，所以只有跑得比标杆快，你才有可能在10年后超过标杆，抢到行业第一的位置。

接下来，我们还要进一步“三小看”。一看产品，盘点企业需要研发什么产品来支撑年度业绩目标。如果产品不能支撑目标的达成，这个目标就是不现实的。二看团队，下一年度的团队规模以及团队能级是否可以支撑业绩目标的达成？当前可能有些员工还没有转正，那么经过一年的系统训练，来年的人效能否大幅提升呢？三看客户，我们还要动态地考虑客户能否支撑目标的达成。可能今年新开发的客户的订单额并不大，但是来年会不会有巨大的增长空间呢？总而言之，企业要从产品、团队和客户三个维度来验证目标的合理性。

“三做”

“三看”做好以后，企业的目标数字基本上就已经确定下来了。但是，要将这个目标真正落到员工身上，我们还要落实“三做”，即做动员、做承诺和做宣誓。

我见过不少企业的老板想做行业第一，但是全公司上下除了老板，没有任何一个人想做行业第一。试问，这样的企业能做到行业第一吗？《孙子兵法》云：“道者，令民与上同意也。故可以与之死，可以与之生，而不畏危。”这就是我们常说的“上下同欲者胜”，只有全员从上到下同心同德，人人都争做第一，这家企业才有可能成为行业第一。

如何才能做到上下同欲呢？实际上，上下同欲是可以被精心设计出来的。我们所提倡的“三做”——做动员、做承诺、做宣誓，就是为了让全员上下达成目标共识。

曾经有人问过我，为什么定目标之前要做动员？这个问题的答案和设计五星评定管理系统的初衷是一样的。我始终坚信：经营者的使命是为了让一线员工幸福。因为只有让一线员工幸福了，公司才能幸福；只有一线员工赚钱了，公司才能赚钱；只有一线员工目标达成了，公司目标才能达成。

2020年9月底，习近平主席在“基层代表座谈会”上讲了两句特别触动我的话：一句是“人民是真正的英雄”，另一句是“基础不牢，地动山摇”。谁是企业真正的英雄？一线员工。谁是一家企业的基础？还是一线员工。如果一家企业的基层员工没有幸福感，那么企业这座大厦危矣。所以，做动员的目的就是要让一线员工真正发自内心地想做第一；而设计五星评定管理系统的意义，也在于激励和辅导一线员工实现自己的高目标。这是企业不可忽略的地基工程。

做好动员以后，企业还要引导销售人员在公众场合进行宣誓和承诺自己的目标，其内容包括：年度目标是什么？完成目标对自己有哪些奖励？未完成将自愿接受哪些惩罚？通过这种庄严的仪式，企业能够让员工感受到目标的神圣性，真正让目标深入人心。

“一结合”

最后的“一结合”是什么？结合公司战略及人员规划。公司的整体目标定下来了，接下来还要将目标分解到月、到周、到日、到人，这些都需要结合公司战略及人员规划。

因此，只有上述工作做到位了，销售员上下对目标数字达成共识，后续五星评定中的业绩指标才能真正得到销售全员的认可。反之，如果企业的目标设定不科学，那么五星评定中的业绩指标不过是加加减减的数字游戏，并不能真正彰显其威力。

现在目标设定已经完成，接下来，企业如何结合年度销售目标及人员规划，将目标科学地分解到员工头上呢？企业需要将公司目标与星级目标值挂钩起来。

假设我们是一家每季度开展一次五星评定的企业，那么五星级销售员总业绩目标值的计算公式如下：

五星级销售员总业绩目标值=年度挑战目标 ÷ 销售团队转正员工人数 ÷4

同理，一星级销售员的总业绩目标值也要与年度目标挂钩起来。这个挂钩的过程可以分为两个阶段：一是试运行阶段，二是正式运行阶段。

在试运行阶段，为了鼓励大家积极参与五星评定，企业不妨降低一星级销售员的目标值：销售员只要能够完成保底目标，就能够获得被评为一星级销售员的资格。所以，在五星评定的试运行阶段，一星级销售员的业绩目标值要与保底目标挂钩，其计算公式为：

一星级销售员总业绩目标值=年度保底目标 ÷ 销售团队转正员工人数 ÷4

企业开始正式运行五星评定管理法以后，就可以把保底目标换成合理目标。此时，我们还需要修正一下计算公式：

一星级销售员总业绩目标值=年度合理目标 ÷ 销售团队转正员工人数 ÷4

当然，如果是半年评定的企业，则需要将“除以 4”改成“除以 2”。新增业绩的设计也遵循同样的逻辑，在此不再赘述。

至此，四星级、五星级和一星级销售员的业绩目标值都已经锁定了。接下来，请大家仔细回忆一下前述第一条原则“星级越高，指标越高”。根据这一原则，企业就可以轻松地把二星级和三星级销售员的目标值设计出来。

以上就是五星评定业绩指标设计的五条原则。这五条原则看起来并不复杂，但其实背后暗含了我们多次试验迭代的算法。

在接触企业的过程中，我发现许多企业的战略目标都是高高在上的，无法真正落实到每个员工每一天的日常工作当中。一旦企业能够科学地将企业的长期目标分解到当下的星级指标上，就能完美地解决这一痛点，并实现企业长期目标和短期目标的完美结合。

第4章
子模块2：4×5作战地图设计

从过程管理到作战地图

在上一章，我们完成了业绩指标的设计，接下来亟待解决的问题是：如何才能达成预设的业绩目标？换言之，我们还要把达标的路径找出来，这就涉及过程管理的问题。

过去，很多企业对销售团队的管理容易陷入“左撇子”思维：重业绩，轻管理；重结果，轻过程。今天，已经有越来越多的企业意识到这一事实：要想有好的结果，必须有好的过程。但是，当深入调研了这些企业是如何做过程管理时，我发现它们又陷入了另一个误区：简单粗暴地把过程管理等同于过程监控。很多企业从头管到脚，要求员工对所有过程事项做事无巨细的汇报，每月、每周、每日不停地检查、考核各项指标，最后的结果就是文山会海、制度成山。但是，你若要问这些过程考核与结果之间的因果逻辑，大家都是一头雾水。

这不是真正有效的过程管理。真正有效的过程管理应该是将达成业绩结果的整条销售路径找出来，再将它拆解为若干个关键控制点以及可量化的销售活动指标，因为只有量化的销售活动指标才可以被管理。然后，企业再通过管理系统将关键的过程指标抓起来，最终通过对销售过程的设计和管控，实现对业绩结果的控制。

在整个五星评定大系统当中，4×5过程管理子模块就是为了解决企业过程管理的痛点的。有意思的是，在辅导企业的过程中，我发现很多老板和管理者不仅仅将其视为一个过程管理工具，更是主动将它上升到作战地图的高度。

一次，我与长风美业创始人于明山董事长对谈时，他强调："4×5过程管理不仅仅是一个过程管理的表格和工具，还是一个作战方案最佳地图。因为我们每个月有作战计划会，作战计划会就是用4×5过程管理做蓝图，然后按照过程管理表格去填的，别的不需要。五星评定就是落地作战计划的最佳机制保障，我们就是坚定地按照这套逻辑去执行的。我相信，随着时间的推移，我们一定会取得想要的结果。"

虽然在五星评定的表格当中，过程管理看似只有极其不起眼的一列，然而要真正让过程指标发挥效用，就要看其背后支撑的企业拆解出来的作战地图是否有效。如果这份作战地图并不能真正帮助企业攻占市场，那么过程管理就沦为了毫无意义的形式。

我观察到今天许多销售型企业其实也在做过程管理，只不过它们的过程管理更类似于监工的角色，只承担一个功能——监督销售人员有没有偷懒。但是，这些企业忽略了一个问题：监工式的过程管理只能保证销售动作完成了，只能保证这个销售动作本身是有效的，却不能打动客户并实现成交。因此，当许多高管向我抱怨员工执行力差时，我反而会提醒他们：企业业绩差不能一味地责怪员工执行力差，管理者更应该反省自身的管理水平。比如，你有没有辅导不同能级的员工瞄准不同体量的客户进行开发？你有没有辅导不同能级的员工销售与其能级匹配的产品和服务？你有没有辅导不同能级的员工找到最有效的销售动作？……这些才是过程管理的精髓所在。

总而言之，真正要做好过程管理，必须有两个角色共同发挥作用。第一个角色是参谋。管理者必须辅助员工画出匹配的销售作战地图，通过这张作战地图，每一名员工都能知道自己的位置在哪里，应该承担什么责任。第二个角色是督导。督导不等于监督，督导不仅仅是监督员工是否按照作战地图作战，更多的是指导大家如何正确地把自己工作做到位。

过程管理的功能定位清晰了，紧接着如何保证这张作战地图真正有效呢？目标确定以后，如何拆解目标，如何制订方案呢？这些都需要管理者具备结构化的底层思维能力。如表4–1所示，这是一家大客户项目制企业的4×5销售过程管理表格。接下来，我们以这张表格为例，来拆解整个过程管理子模块的设计逻辑。

表4-1　某项目制企业的4×5销售过程管理

管理对象	卖给谁	卖什么	怎么卖	动作量化	考核机制	考核周期
新员工（客户顾问）	标准客户	产品	有效拜访	至少4天/周或7次/周	■ 少一天奉献30元 ■ 少一次奉献30元	周
老员工（客户主管）	标准客户、中客户	产品、方案	有效拜访	至少4天/周或6次/周	■ 少一天奉献40元 ■ 少一次奉献40元	周
经理、总监	中客户、大客户	产品、方案	■ 有效拜访 ■ 技术交流会	■ 5次/周 ■ 1次/月	■ 少一次奉献50元 ■ 少一次奉献200元	周或月
分公司总经理	大客户	产品、方案	■ 有效拜访 ■ 高层会晤、技术交流会、沙龙	■ 4次/周 ■ 3次/月	■ 少一次奉献60元 ■ 少一次奉献300元	周或月
备注	客户分类参见公司客户分类细则	产品分类标准参见公司产品分类细则	■ 高层会晤（董事长、总经理、高管） ■ 技术交流会（需在客户现场，客户人数≥5人，客户高管和研发技术工程人员） ■ 沙龙（5～10家目标客户，副总及以上人员） ■ 有效拜访定义详见公司4×5管理制度	■ 客户顾问每天必须在客户处 ■ 如若出差，提交出差计划	—	—

注：（1）新员工指的是入司15天至1年以内的员工；老员工指的是入司1年（含）以上的员工。

（2）电话、拜访、体验量未达标的，按照考核要求每周或每月奉献。

（3）10元=1分。

（4）以“有效拜访”动作作为五星评定过程考核指标。

从这张表格中，我们可以找到它被命名为“4×5过程管理”的缘由。其中，“4”代表销售团队被细分为四种人，包括新员工、老员工、中层管理者（含经理与总监）以及高层管理者（分公司总经理）。当然，细分为四种人只是一个通用模板。你的企业体量如果比较大，销售管理层级比较多，那么可以细分为更多的管理层级。比如，我见过的一家企业将销售团队最多细分成了九种人，形成了9×5的过程管理表格。请注意，这并非违背了4×5过程管理的设计原则，恰恰表明这家企业的管理者已经吃透了4×5的逻辑。

此外，企业还可以结合自己的销售类型来定义这四种人。如果你是门店连锁类型企业，那么这四种人可以分成新店员、老店员、门店主管和店长；如果你是经销商、代理商、加盟商类型的企业，那么这四种人可以分成新区域销售、老区域销售、区域经理、区域总监；如果你是大客户项目制企业，这四种人就可以细分为新大客户销售、老大客户销售、大客户经理和大客户总监。甚至我们也有很多学员将过程管理的逻辑延伸到加盟商管理上，将公司的加盟商分为四个等级来管理。

这里还留下了一个小问题：如何定义“新”和“老”呢？在上面的表格中，我们将新员工定义为入司15天至1年以内的员工，将老员工定义为入司1年（含）以上的员工。这里需要提醒一下，企业不必拘泥于表格4-1当中的定义方式，根据销售团队的具体情况来自行定义即可。

为什么我们要将销售团队分为四种人来做过程管理呢？其实道

理并不复杂。这就如同一位统帅指挥作战，在上场打仗之前，他一定要做好布局：A部队打前锋，B部队当主力，C部队殿后……这就是战略维度的谋篇布局。否则，如果所有士兵一窝蜂地往上冲，大家乱成一锅粥，打仗没有章法，团队的组织优势就无法发挥出来。

企业经营也是相似的逻辑，在画出销售部门的作战地图之前，我们先要聚拢所有产出结果的各个要素，然后再进行科学精确的分工。分工越精确，效率就越高，形成的组织合力就越大。我在前文中提出营销部门“三分天下”——市场部门负责锁城定位，销售部门负责攻城占位，客服部门负责围城上位，就是对整条营销内部价值链进行的大分工。大分工才能带来大业绩，可是分工到这一步还不够，企业还要对销售部门内部进一步分工。

假设某企业今年设定了10亿元的合理目标，谁能够为这家企业完成10亿元的销售目标呢？我们首先要对销售团队进行分工。很多企业往往忽略了一点：从员工到管理者，团队中每个人的专业能级不同，服务客户的能力也各不相同。如果让新员工去服务大客户，那无异于“蚍蜉撼树”；反之，如果让销售特种兵去服务小客户，那也是“大材小用”。因此，如果我们不能为不同能级的销售人员进行分工，生产力的提高就无从谈起。因为要提高生产力，本质上就是要提高创造财富的资源的利用率，而人是其中最重要的资源，并且往往是唯一的活性资源。所以，我们必须对不同的员工进行分层管理，不能一刀切。

因此，一个聪明的管理者一定会将这10亿元的目标拆解出来：

新员工负责多少业绩，老员工负责多少业绩，经理和总监分别负责多少业绩。这就是团队的分层管理逻辑。既然每个层级背负的业绩指标不同，那么他们的销售对象、销售品项、销售动作、动作量化及考核周期都是不一样的。

4×5中的“5”又代表什么呢？我们先要把销售的细枝末节放到一边，直接将目光对准销售人员拿到成果的五个关键节点：卖给谁（向谁销售或服务）、卖什么、怎么卖、动作量化、考核机制及考核周期。这五个关键节点就是销售作战地图中的五个关键里程碑。只要把这五个关键方面梳理清楚了，整张作战地图就画出来了。接下来，我们就逐一分析这五个关键里程碑的设计逻辑。

卖给谁：梳理客户金字塔结构

你的产品应该卖给谁？很多人第一次听到这个问题，感觉有些莫名其妙——当然是卖给客户啊！如果你也有同样的想法，这恰恰说明你对这一关键问题没有进行深入思考，这是导致许多企业销售效率低下的罪魁祸首。

今天很多企业对于客户开发都是“一锅端”：无论是刚刚入职8天的新员工，还是在公司干了8年的销售总监，他们都可以自由地开发大客户。20多年前，我也犯过同样的错误，默认所有销售人员都可以自由地开发客户。后来，我发现不对劲：很多销售新手企图心很强，专攻大客户。但现实是，这些新手能级不够，非但不能把大客户开发下来，还会给客户留下糟糕的第一印象，这就给我们再组织销售高手去开发增加了很大的难度。

正因为屡屡遇到这样的问题，后来我才萌生了组建项目特种兵团队的想法，不允许基础销售人员独立开发大客户。即便在开发的过程中遇到大客户，基础销售人员也必须第一时间上报公司，由专业的特种兵项目团队负责开发（当然，必须提前商定好上报者与开发者的分成比例）。否则，即使基础销售人员独立开发了大客户，也不计入提成。

《孙子兵法》云："将不能料敌，以少合众，以弱击强，兵无选锋，曰北。"这句话的意思是：将领不能判断敌情，用少数去攻打多数，用弱兵去攻打强兵，用兵也不懂得选择精锐，这就叫败北。前几句理解起来容易，关键在于最后一句——"兵无选锋，曰北。"意思是说，打仗时一定要把最精锐的士兵选拔出来，组成一支先锋队，它就像一把尖刀的刀锋，能狠狠地插入敌人的心脏。而组建特种兵的本质就是"选锋"，要想攻下大客户，选好先锋是关键所在。

我们不得不承认：企业内部并不是所有客户都同等重要，企业需要对客户进行分类。对于不同级别的客户，企业必须匹配相应能级的销售人员：新员工只能向公司新客户或者小客户销售产品或服务；老员工可以向老客户或者大客户销售产品或服务；总监则只能向公司的战略客户销售产品或服务。至于如何定义小客户、大客户和战略客户，每家企业定义的方式不一样，没有标准答案。因为你眼中的大客户，对别人来说可能是小客户。重要的是，企业必须认真审视自己的客户结构，并按照客户结构来匹配不同能级的销售人员。这是很多企业都忽略了的关键问题。

事实上，一家企业的价值在很大程度上取决于客户结构。一家企业能不能做大，我们只要深入研究企业的客户结构，就能很容易发现端倪。

10多年前，我在一家大型物流企业工作，当时这家企业快递业务的主战场在珠三角。在金融危机的冲击之下，许多珠三角企业都倒闭了，雪上加霜的是，国外某些大型物流公司恰恰也选择在那个时间节点进入中国市场，这使得我们面临的形势愈加严峻。我从营销的角度研究发现，当时公司除了营销管理体系不健全外，还有一个很致命的问题——客户结构不合理。梳理公司的客户结构以后，我发现客户群体大多是中小规模的企业客户和零散客户，体量大的企业客户并不多。

这会带来什么问题呢？我曾经做过一个形象的比喻：一家企业的客户结构就像一座金字塔。一座稳固的金字塔应该由以下部分构成：金字塔的底层有很多大石块，在大石块的上面，散落着不少中小石块，最后由细小的砂石将缝隙填满。如此搭建出来的金字塔才最稳健。事实上，这些大石块就代表企业的大客户，中小石块代表企业的中等客户，而砂石则代表企业的小客户（见图4–1）。如果一家企业没有大石块，只用一堆中小石块和砂石去支撑金字塔，最后会发生什么事情？金字塔一定会塌掉！

图4-1 客户金字塔

因此，企业如果想要做大，一定要研究客户结构，研究大、中、小客户的配比，最终将企业的客户结构做成一个稳健的金字塔。近年来由于工作的原因，我接触了很多中小企业。我发现客户结构不合理的问题在中小企业当中更为严重。其中，不少企业销售规模乍一听还不错，但一旦深入分析其客户结构，我发现其80%以上的销售收入都是由小客户贡献的。这些小客户本质上都是低价值客户，自身抗风险能力比较弱，一旦市场波动，它们可能就会倒闭。因此，企业即便因为这些小客户扩大了规模，那也是隐藏了极其不稳定的因素。

那么，企业要如何梳理客户结构呢？假设我们是一家门店连锁型企业，那么按照客户月销售金额，我们可以将客户结构划分为1A～5A级客户，如图4-2所示。

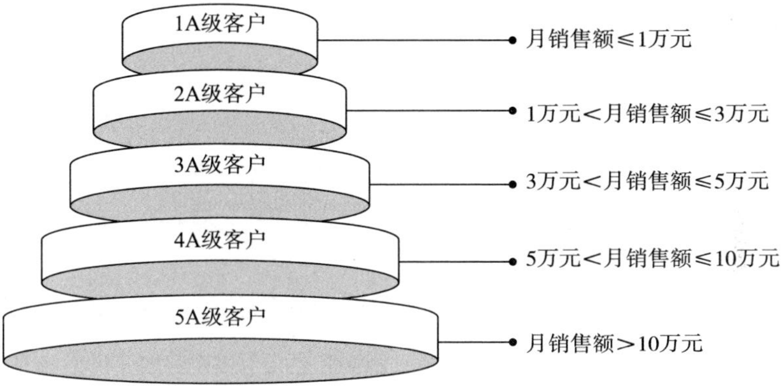

图4-2　某门店连锁型企业客户分类金字塔

接下来，企业可以为五种不同能级的销售人员匹配不同量级的客户：新员工只能向1A级客户销售产品和服务，老员工只能向2A级客户销售，经理级别只能向3A级客户销售，总监级别只能向4A级客户销售，分公司总经理只能向5A级客户销售。

通过这种客户绑定的方式，企业可以将每一个层级的销售人员圈在自己的客户池子里。每个人只能在自己的池子里开发客户，不能随意开发。否则，即便你开发成功了不属于自己池子的客户，企业也不会给你计算提成。唯有如此，才能保证所有员工都按部就班地开发自己池子中的客户，才能将企业不同能级的销售人员效能发挥到最大！

卖什么：产品结构分类

上一节我们解决了“卖给谁”的问题，接下来，我们还要解决“卖什么”的问题。在给企业做咨询的过程中，我发现很多企业在这个问题上容易陷入两种思维误区。

一种是推崇“爆品战略”，一款产品打天下，企业根本没有产品组合。坦率地说，我认为爆品战略通常只适用于初创型企业。当企业发展到一定体量时，该战略不足以支撑企业做大规模。

另一种是企业没有产品分类，任何销售人员可以向任何客户销售任何产品。这会造成什么问题呢？首先，每个人销售的产品过多过杂，销售人员自己都讲不清楚每一款产品的价值，客户也感觉到很混乱。其次，不同产品的销售难度不一样，标准产品卖起来简单，个性化产品销售起来更复杂。如果新员工没有足够的专业能力，那么他们很难把产品卖出去。因此，当新员工的能级还不达标时，销售行为基本上是无效的。

从本质上看，产品结构是企业的产品组合，也是企业战略的载体。在企业战略的框架下，企业的产品组合不是闭门造车设计出来的，而是受顾客需求驱动自然生长形成的。因此，要搞清楚企业的产品组合，我们还是要用需求的视角来看问题。

我之所以将营销部门一分为三——市场部负责定位，销售部负责占位，客服部负责上位，就是为了解决这样一个问题：长期跟踪并有效地挖掘客户需求，快速及时地把市场中顾客需求的变化传导到企业内部。接下来，企业可以把挖掘到的客户需求转化为新产品，提升企业应对外部市场变化的敏捷度。毕竟，客户需求极有可能是动态变化的，一旦企业长期缺乏有效的客户需求挖掘和优化，它势必会在激烈的市场竞争中败下阵来。

随着企业不断跟踪顾客需求的升级，产品结构的层次必然会丰富起来。因此，产品结构的丰富，其实是源于企业洞察到了客户的个性需求和隐性需求，并为其研发匹配的增值服务或产品，进而为销售部提供更加厉害的武器去攻城略地。

今天的传统企业之所以容易深陷价格战，往往就是忽视了对客户的需求管理，忽略了产品结构的丰富性。很多传统企业能够为客户提供标准产品，而标准产品只能满足客户的一般需求，竞争对手同样也可以满足。以快递行业为例，零散客户一般只需要寄普通快递就可以了，而大闸蟹卖家需要的却是一整套把大闸蟹安全快速地运送到客户餐桌上的物流方案……设想一下，如果企业不能及时跟进不同的客户需求并进行产品研发，而对手洞察到客户新需求并转化为产品，那么客户自然就会掉头转向竞争对手。

因此，企业不能仅仅止步于满足一般需求的标准产品，还要进一步挖掘客户的个性需求、隐性需求甚至是预售需求。企业价值几何，取决于企业能够满足客户的哪一层需求。一旦满足了客户的个性需求甚至隐性需求，企业就可以靠打“价值战”取胜。所以，针对“卖什么”这个问题，企业也不能一刀切，必须具体问题具体分析，研究针对不同客户的分层打法。通过识别不同客户的个性需求甚至隐性需求，企业要将产品与客户精准地匹配起来。

当产品和客户匹配起来以后，我们接下来就可以将不同层级的员工和产品匹配起来。假设一家企业一年计划做10亿元的营业额，那么它要靠哪些产品来支撑？其中，新员工负责卖什么产品？老员工负责卖什么产品？经理卖什么产品？总监卖什么产品？分公司总经理卖什么产品？通过回答这些问题，我们就能把企业的产品及服务分类梳理出来了。

怎么卖：设计销售动作的七条原则

解决了“卖给谁”和“卖什么”的问题以后，企业还要解决“怎么卖”的问题。这就进入过程管理当中最关键的一个环节——销售动作的设计。销售动作设计得有效与否，直接关系到企业能否产出成果。

通常来说，不同类型的销售型企业销售动作是不一样的：门店连锁型企业销售动作通常包括接待、电话销售、陌生拜访等；而大客户销售型企业的销售动作通常是招投标、设计行业解决方案、召开圆桌会议等；而经销商、代理商类型企业的销售动作通常是拜访经销商或代理商，协助经销商或代理商举办营销活动等。

同理可知，不同层级销售人员的销售动作也不一样：新员工的销售动作包括电话销售、陌生拜访；而老员工的销售动作包括陌生拜访、上门体验；主管的销售动作包括上门体验、举办营销活动；

分公司经理的销售动作则是举办营销活动等。

因此，企业要根据自己的销售类型，在企业内部进行多次头脑风暴，为不同层级的销售人员提炼出最有效的两三个关键动作。为了保证设计的销售动作科学有效，企业要遵循以下七条销售动作的设计原则。

原则1：动作要结合公司战略目标

何谓动作要结合公司战略目标？假设公司今年的战略目标是销售额10亿元，那么企业所设计的销售动作能不能支撑企业完成10亿元的销售目标，如果支撑不起来，那么这些销售动作就是不合格的。

同样，如果公司的战略目标出现了阶段性调整，那么企业销售动作的设计也要与战略目标保持一致。

原则2：动作要有创新性，可以阶段性调整

2020年年初，全球新冠肺炎疫情暴发，大部分门店连锁型企业线下门店都关闭了，此时企业又该如何应对呢？难道只能被动接受销售停滞吗？当然不行！既然线下不能销售，那么企业应该快速将销售场景转移到线上，通过网络直播、微信营销等创新性动作来进行销售。

因此，销售动作的设计不是一成不变的。本质上说，市场是

动态变化的，今天有效的销售动作也许过了三个月就不奏效了。尤其是当所有竞争对手都在使用同一套动作时，如果没有创新和差异化，企业投入再多资源往往也达不到预期效果。通常来说，市场变化越快，企业对创新的需求就越迫切。唯有及时根据市场的变化对销售动作进行创新和调整，企业才能脱颖而出。相反，如果销售动作不跟随市场创新，那么过程管理执行得越彻底，往往失败得越彻底。

在创新销售动作时，企业一定要充分调动一线销售人员的智慧。春江水暖鸭先知，销售人员在前线能看到具体的客户变化和行业起伏，因此，他们总是比其他人更快地看到市场的变化。反之，高层管理者离市场太远，往往只有等到财务数字出现问题时才会有所警觉。因此，在设计销售动作时，企业一定要充分考虑一线人员的意见和建议，想方设法地激励他们提出创新性的销售动作。

原则3：动作不要超过三个，以一两个为佳

在过程管理当中，企业应该聚焦一两个核心动作，最好不要超过三个动作。销售策略是有侧重点的，成功的关键在于让销售做重要的事，而不是做更多的事。如果考核动作过多，那么每个动作很可能都无法执行到位。因此，在动作设计上，贵精不贵多。

原则4：动作要能留痕

所有不能够留下痕迹的动作都不是好动作，因为无法留痕就无法管理。比如，发传单这个动作算不算销售动作？当然算！对于某些企业而言，这可能还是一个极其有效的销售动作。但是，由于此类动作无法留痕，因此也无法被纳入过程管理中。

原则5：动作要与客户有关

销售本身是用过程的确定性来对抗结果的不确定性。因此，要想有好的销售业绩成果，与客户接触的频次一定要有所保证。因此，动作设计的第五个原则是动作要与客户有关。换言之，只有与客户有接触点的动作才能被视为有效动作。企业内部的任何动作，比如培训、开会等，都可能对成交客户有间接价值，但都不能被视为有效动作。

原则6：动作必须是主动动作，而非被动动作

什么叫被动动作？以门店接待为例，大多数门店销售是坐等客户上门，客户进门以后再上前接待，不管客户是否成交，一次门店接待就算完成了。但是，这样的动作只是被动动作，而不是主动动作。

什么是主动动作呢？比如，在接待客户的过程中，门店销售主动引导客户添加企业公众号、加入企业的微信社群，留下客户的电话号码、个性需求等有效信息，方便企业下一次跟进销售，类似的动作才能算作主动动作。否则，不能被视作一次合格的门店接待。

千万不要小看主动动作，如果企业设计得巧妙，它就能为企业带来巨大价值。我为大家分享一个真实的商业案例，案例的主角是大家耳熟能详的美妆品牌欧莱雅。如果今天你前往欧莱雅的终端柜台购买化妆品，导购一定会向你推荐一款App（手机应用程序）——千妆魔镜。这款应用由欧莱雅集团自主研发，能利用前置摄像头结合增强现实技术，实时动态地将妆容显示在用户的脸上。在购物的过程中，导购会引导你把照片上传至App。接下来，这款App可以对你的面容做出60多种特性分析，并基于这些特性为你推介适合的产品。你还可以直接在App中比较不同产品的虚拟效果，比如直接在App里对比不同颜色的口红涂在自己嘴唇上的效果，满意的话可以一键下单……

这一主动销售动作为欧莱雅品牌带来了哪些回报呢？千妆魔镜App记录了消费者的行为、使用方法和购买的新产品，并由此推算出消费者的购买偏好，进而实施进攻型销售，不仅使该品牌实现了数字化营销的功能，还积累了大量的数据资产。目前，千妆魔镜App在全球拥有超过7 000万用户，并成为欧莱雅与消费者互动的品牌渠道和信息搜集渠道，这也成为欧莱雅最大的客户资产。

反观中小企业，尤其是门店连锁型企业，它们在动作设计上的思维还是过于僵化，大多属于被动接单，最多尝试一部分体验式销售。显然，这还完全不够，即便不能做到如欧莱雅一般的数字化创新，我们也要在传统销售方式上与其缩小差距。比如，在辅导某美容企业时，我就要求他们的店长在自己的所属市场区域内开发大型的企业客户，与银行、通信企业等进行合作——这些企业的客户达到一定积分要求，便可以兑换一个美容项目。再比如，我在辅导铂爵旅拍时，也建议销售团队主动锁定一些大型企业客户进行开发。过去很多企业在员工结婚时都要为其送上薄礼，现在可以赠送其同等价值的旅拍产品，这种方式既新鲜有趣、符合年轻人的口味，又很好地表达了企业对年轻人的关怀。

不妨思考一下，在你的企业当中，你们还可以开发出哪些主动动作呢？

原则 7：动作要定义清晰，并备注好关键词

第七条原则是什么？动作要定义清晰，并备注好关键词。这是很多企业容易忽略的一条重要原则。一般来说，动作的标准定义得越具体，执行起来就越顺畅，否则，销售人员都不清楚动作的标准，执行起来就很容易走样。

以举办营销活动为例，企业必须在过程管理表格的下方备注清晰以下信息：每次营销活动参会人数不少于多少人，营销会议时长不低于多少时间，对于参会人员有哪些职级上的要求……没有清晰

量化的标准，就无法保证销售动作的质量。否则，有些销售人员为了完成任务，现场随便拉来三个人聊上十分钟，也能算作一次营销活动。显然，类似的销售动作就比较鸡肋，无法达到成交业绩的效果。因此，一个定义清晰的销售动作应该做如下描述：每次营销活动参会人数需超过20人，其中关键决策者不少于60%，活动时长不低于2小时。

过程得分的计算方法

有效动作设计完成以后，我们继续来揭秘如何将过程管理纳入五星评定管理系统当中。从过程管理到过程得分，它的计算逻辑是什么呢？我把整个计算过程拆分为三个步骤。

步骤1：选择一个销售动作并将其纳入五星评定的过程考核

前文提到，过程管理中的销售动作不要超过三个。假设一家企业为新销售设计了三个销售动作——电话营销、陌生拜访和微信营销，那么是不是所有动作都要纳入五星评定的过程考核中呢？非也！企业只需要选择其中一个最重要的动作作为五星评定管理系统的过程考核标准。假设企业发现在新员工当中陌生拜访带来的成交率最高，它就应当将陌生拜访作为新员工五星评定的过程考核动作。

为什么我们不建议企业将过程管理中的所有动作都纳入五星评定考核呢？因为在实践的过程中我们发现：很多企业追求面面俱到，结果设计的考核动作过多，反而不利于目标的达成。有些企业动辄考核十几个动作，这就完全丧失了考核标准的牵引作用。这就好比在战场上，将军一声令下“兄弟们，冲啊！”，战士们刚准备冲锋，抬头却发现前面一排山头，他们自然就不知道该往哪里冲了。这就很好地诠释了《道德经》中“少则得，多则惑”的道理。少意味着精准和明确，与其贪多嚼不烂，还不如让大家把所有精力聚焦在少数关键动作上。

步骤2：将动作进行有效量化

在设计4×5过程管理表格时，企业设计完成销售动作后还需要对这个动作进行量化。伦敦商学院有一句名言：“你如果无法计量一件事，就无法管理好一件事。”作为一名数学专业出身的管理者，我对这句话深有体会。多年来的管理实践告诉我：真正高效的管理一定要依靠数学思维，没有细化和量化的管理可以说是无效的管理。

对于销售人员而言，能否出业绩关键取决于两点：一是销售动作是否有效，二是与客户的接触频次是否到位。一旦在实战中证明销售动作是有效的，接下来的关键问题就变成了：接触频次做到位了吗？用数学公式可以表示为：业绩=有效动作 × 接触频次。其中，有效动作衡量的是销售动作的质量，接触频次衡量的是销售动作的数量。

因此，在4×5过程管理中，企业还必须设计出每一个销售动作在一个周期内需要完成的数量。以新销售人员为例，公司要求新销售人员每天完成90个有效电话或3次陌生拜访。

完成销售动作的量化以后，企业还必须设计考核机制及考核周期。做过管理的人都知道，企业考核什么，就会得到什么。如果管理者只布置任务却不考核，在通常情况下，这个任务就很难执行下去，这是由人性的弱点所决定的。因此，我们还需要设计考核措施及考核周期，用机制来保障这件事情能够顺利推行下去。

如果新销售人员没有完成规定动作怎么办？企业还必须设计相应的考核机制。比如，新销售人员每缺少一个电话销售赞助5元，每缺少一次陌生拜访赞助20元。

企业将考核机制定下来后多久考核一次为宜呢？这里的考核周期需要参考两个维度来设计：一是参考企业本身的销售属性，二是参考销售动作本身的复杂性。

首先，企业需要判断自身的销售属性。我将所有销售服务型企业分为两种：一种叫“早出晚归型”企业，一种叫“周出月归型”企业。所谓“早出晚归型”企业，是指销售人员早上出门，当天晚上就能回来。通常不需要出差或只需要出短差的销售型企业都属于这一种，以门店连锁型企业最为典型。“早出晚归型”企业必须要求销售人员日汇报、日考核。而“周出月归型”企业是指销售人员每出差一次，通常一周甚至一个月以后才能回来，以大客户项目制企业最为典型。这种企业的考核方式通常是日汇报、周考核。

其次，企业要参考销售动作本身的复杂性。比如，电话销售、陌生拜访、微信营销等都属于比较简单的销售动作，通常采用日考核；上门体验建议周考核；而举办营销活动则建议月考核……一般来说，销售动作难度越大，考核周期就越长。

最后，企业需要选择其中最关键的一个销售动作，并计算出销售人员在一个五星评定周期内因为该销售动作未达标而赞助的金额。假设某企业每个季度开展一次五星评定，并将陌生拜访作为新销售人员过程得分的考核动作，那么在开展五星评定之前，企业必须统计出所有新销售人员在过去一个季度当中，由于陌生拜访这一销售动作未达标而赞助的金额。

步骤3：将赞助金额转化为分数

赞助金额统计出来以后，如何与五星评定管理系统挂钩呢？企业还要将赞助金额转化为分数。

假设小李是某公司一名已转正的新销售员，在过去一个季度中，他的总业绩和新增业绩都达到了二星级销售员的标准。按照该公司规定，新销售员以陌生拜访作为五星评定中的过程考核动作。根据公司统计，小李在过去一个季度缺少3次陌生拜访。在此之前，公司已经明确告知所有新销售员：每缺少一次陌生拜访，需要赞助20元。

现在，企业要将赞助金额转化为分数。此前，公司已经在4×5过程管理表格的下方备注清晰：每5元=1分。这就意味着员工每缺少一次陌生拜访，将会被扣除4分（20÷5=4）。按照过程得分的计算公式，最终，小李的过程得分=100分－未达标次数×分数=100分–3次×4分=88分。

如表4–2所示，这家企业一星级至五星级销售员的过程得分标准分别为60、65、70、80和90。这就意味着小李的过程得分达到了四星级标准。当然，各星级过程得分标准并不是固定的，企业可以按照自己的实际情况进行调节，以上只是我们给出的建议标准。

表4–2　某企业五星评定过程得分设计

星级评定标准（2020年第三季度）					
星级	新增业绩（万元）	总业绩（万元）	过程得分	通关成绩	评定工资
五星级	80	350	90	90	A
四星级	60	250	80	80	B
三星级	40	200	70	70	C
二星级	25	150	65	65	D
一星级	15	100	60	60	E

假设这家公司还有另一位销售员老夏，在公司干了6年，积累了不少老客户。老夏自恃业绩不错，经常不去拜访客户。按照公司的4×5销售过程管理办法，作为一名老销售，老夏每缺少一次陌生

拜访，也会被扣除4分。一个季度结束以后，公司统计下来，老夏缺少了11次陌生拜访。最终，老夏的过程得分=100分－未达标次数 × 分数=100分－11次 × 4分=56分。

如表4–2所示，老夏的过程得分甚至没有达到一星级标准。换言之，即便老夏的业绩达到了五星级销售员的标准，由于过程得分没有达到星级标准，他最终也无法被评为星级销售员，这意味着老夏拿不到星级销售员的基本工资，也不可能得到晋升。

聪明的读者可能已经发现了规律：我们在设计五星评定考核标准时，遵循的是木桶原理。所谓木桶原理，即一只木桶能装多少水，往往取决于它最短的那块木板。因此，一只木桶想要盛满水，必须确保每块木板都一样平齐且无破损，如果这只桶的木板中有一块不齐或者某块木板有破洞，这只桶就无法盛满水。所以，木桶原理也被称为短板原理。

为什么要用木桶原理的逻辑来考核销售人员呢？我们就是要告诉所有销售员：销售员最终业绩往往是由其短板决定的。一言以蔽之，企业对星级销售的标准是“三好销售”——业绩好、过程好、专业好。要想成为一名优秀的销售员，你必须补足自己的“短板”——不仅业绩要达标，过程也必须达到高标准，专业能力更要过硬。只有过程做到位，专业能级跟得上，后续业绩才能保证可持续。

四张落地配套表格

通过上述章节，我们拆解了整个销售作战地图的设计逻辑。事实上，一家企业最终产出的成果，其实是由其资源配置的效率决定的。公司的客户资源、产品资源、人才资源应该如何配置才能更有效率？这是作战地图必须解决的问题。不同的资源配置会带来不同的结果。为此，我们提出了分层布局的概念，将最好的客户、最好的产品配置给最好的销售员。按照这个逻辑来配置资源，才能保证企业所有的资源投入都能获得最高产出。当目标拆解完成以后，企业还要为不同类别的销售员设计有效的销售动作。与此同时，企业还要对有效动作进行科学量化，并匹配相应的考核机制和考核周期。

从目标拆解到员工、到客户、到产品→有效销售动作的设计→动作科学量化→设计考核机制及考核周期，整个作战地图设计的几个关键里程碑就突显出来了。但是，这还只是完成了作战地图的设计环节，如何保证整个作战地图能够按照既定的设计方案执行下去呢？

我见过不少本末倒置的企业：在设计环节花费了80%的时间精力，在落地执行环节花费的时间精力却不足20%，最后只落个草草收场的结局。与此恰恰相反，我认为设计环节固然重要，但更重要的是后端的落地环节。如果企业没有匹配相应的机制来保障落地执行，即便整个作战地图的设计水平达到了120分，最终也会被束之高阁，沦为一堆废纸。

在销售作战地图的落地环节，企业最容易犯的错误是什么呢？权力下放了，总部的管控没有跟上。如前所述，企业通过作战地图将所有任务分解并授权给了各个管理层级，但是授权并不等于完全放手。在权力下放的过程中，企业同时还应该做好约束和管控。需要澄清的是，管控不等于监控，管控的目的是更好地以服务来赋能作战部门，第一时间将执行过程中遇到的问题暴露和反馈出来，从而保证及时纠偏。

因此，为了保证作战地图顺利落地，企业还必须在总部设计一条独立的监督职能线。这条职能线通常需要专人专岗来负责。为此，企业还必须增设一个重要的岗位：销售督导。这个人选非常关键，直接关系到销售作战地图能否得到有效执行。关于督导画像以及督导职责等内容，我的上一本书《大营销哲学》中用了不少篇幅来阐述，此处不再细述，想要了解的读者可以自行去查阅。

需要再三强调的是，要想作战地图发挥功效，这条监督线必须执行到位，尤其是老板和营销副总裁，在执行过程中务必严格遵守，否则会影响五星评定管理法的落地效果。

曾经有一位董事长带着20多名高管来参加我的课程，在课程的“裸心会”上，我要求高管们分享自己在公司的成长感悟。谈及自己和老板并肩作战的奋斗史，高管们个个泣不成声，我在一旁也不由自主地湿了眼眶。不难看出，每位高管都非常感恩老板给自己的平台和信任。但是，从大家的分享中，我也隐约感受到一丝不安：

虽然这位老板已经把企业带到了细分领域行业龙头的位置，但他的管理模式仍属于典型的亲情式管理。

果不其然，一位高管课后告诉我：这位董事长其实几年前就听过我的课程，并在企业内部导入了4×5过程管理系统，然而效果并不如意。今天回头来复盘，背后的根源是什么？董事长对高管们太好了，公司并没有真正严格地执行这套系统。这位高管还用了一个非常贴切的比喻——制度是狗，只咬别人不咬自己，一针见血地指出了许多管理者的弊病：他们只希望将严格的制度用来约束员工，却不乐意对自己也这么做。

三个月后，这家企业的董事长又带了一批高管回到课堂复训。在课程现场，这位董事长亲口告诉我："高管们听懂了不等于能做到。过去三个月，我们再次在企业内部导入这套系统，但是这个过程非常痛苦。因为当这场变革触及某些高管的利益时，他们很容易反弹回去。实际上，阻碍这场变革最大的顽固派不是员工，而是高管，他们通常会因为自己的既得利益而不愿做出改变。"

很多企业在导入五星评定管理系统时，误以为这套系统是用来管理员工的，管理者可以不受这套规则的约束。然而，正人先正己，规则一旦建立，如果想要员工遵守，最关键的是管理者要身体力行，按规则行事。邓小平有一句名言："贯彻执行的关键在于高级干部要以身作则。高级干部办到了，全军就容易办到。高级干部办不到，就会一风吹，一切照旧。"（1977年12月28日邓小平在中央军委全体会议上的讲话）一旦管理者不能身体力行，员工只会把过程管理系统当成又一次“狼来了”的游戏。积重难返，以后再想建立规则就难上加难了。

在我接触的企业当中，但凡老板和督导属于老好人型的企业，导入五星评定管理系统必然会遭遇流产。因此，我们一定要区分清楚：领导是有情的，制度是绝情的。这两者并不矛盾，真正优秀的管理者是“用霹雳手段，显菩萨心肠”。因为真正对员工好的老板不是一味地纵容员工，而是真正地帮助员工成长，让他们在公司里能赚到钱，并给予他们充足的发展空间。即便离开了这家企业，他们也能在市场上获得更高的价值。

后来，这家企业的董事长自己也反思道：“我一直以为自己是个好人，现在才知道自己是打着‘好人’的旗号做了‘坏人’。我没有严格去管理下属，这反而导致很多人能力成长不起来。即使大家赚了点钱，赚的也是运气的钱，而这种钱是没有根基的。”

幸好这位董事长醒悟得早。我要借这个真实的案例来提醒所有企业家和管理者“害生于恩”的道理：一味地只有恩，却没有规矩，最后只能是害人害己。上级必须严格要求下级，才是真正对下级负责任。过去，顺丰的文化墙上写着这样一句话：管理是最严肃的爱。因此，我们不仅仅要求督导要严格，更要求所有人共同维护制度、执行制度，这样才能确保销售作战地图的有效性，进而达成最终的战略目标。否则，即使作战地图设计得再高明，最终的结果仍然等于零。

当销售督导这条职能线搭建完成以后，企业就可以对整个 4 × 5

过程管理表格进行精细化管理了。具体来说，就是需要四类人分别填写四张表格，为过程管理的落地执行保驾护航。

第一张表格：新老员工填写客户沟通记录表

在刚开始做管理时，我也不明白管理要留痕的道理。直到有一次，某位离职创业的分公司总经理轻易撬走了我们的一位大客户。事到临头，我才发现，除了发货地址，我们几乎没有这位大客户的任何信息，只能眼睁睁地望着大客户流失而无计可施。有了这次教训，我也明白了客户数据对公司的重大意义。

随着对管理的深入理解，我发现其实从管理的角度来看，留痕也是必不可少的。过去我在管理销售团队时，经常会浪费时间反复找下属确认客户的跟进情况。如今，在企业内部推行了4×5过程管理以后，我会要求销售人员每天抽五分钟填写客户沟通记录表。一旦有了这个表格，客户的情况一目了然，管理者做决策时也能有据可依。

因此，有条件的企业可以将表4–3并入企业的CRM（客户关系管理）系统，如果条件不允许，也可以安排专人进行电子存档。

表 4–3　客户沟通记录表

填表人				入司时间			归属团队		团队总监	
沟通日期	序号	客户分类	客户属性	公司简称	姓名	职务	手机	方式（电话、拜访）	沟通结果	是否意向
	1	普通客户	新客户	江华	李××	总经理	1862128××××	拜访	有大营销管控课程需求	有意向
	2	大客户	老客户	华龙	张××	董事长	1582323××××	拜访	有大营销方案辅导班需求	有意向
	3									
	4									
	5									
	6									
	7									

检查日期：＿＿＿　检查人签名：＿＿＿　销售总监签名：＿＿＿　总经理签名：＿＿＿

第二张表格：管理者填写检查表

在员工填写完客户沟通记录表以后，管理者还要对照 4×5 过程管理的要求进行检查，认真填写检查表（见表 4–4）。多年的管理经验告诉我：大多数员工只会做管理者要求并检查的事情。因此，员工执行力与管理者的检查频次息息相关。

很多时候，员工之所以执行力差，根源在于管理者没有认真做好检查工作。有时候员工辛苦完成了很多工作，管理者却根本不检查，也不在意。长此以往，员工发现做与不做也没什么差别，慢慢就会变成老油条。

表4–4　检查表示例

所属分公司：××分公司					销售管理专员：×××			
序号	所属团队	团队总监	伙伴姓名	伙伴类型	3月16日			
					周一			
					有效销售动作	达标情况	赞助金额	销管抽查状况
1	冠军队	华山	文艺	老员工	2次拜访	OK	0	合格
2			胡蓉	老员工	2次拜访	OK	0	合格
3			周志强	老员工	2次拜访	OK	0	合格
4			李一华	老员工	2次拜访	OK	0	合格
5			陈欣	新员工	2次拜访	OK	0	合格
6			黄斌	新员工	2次拜访	OK	0	合格
7			张三峰	新员工	2次拜访	OK	0	合格

第三张表格：督导填写总部抽查表

很多企业将管理的权力授权给管理者以后，总部就什么都不管了。因此，很多老板经常会发现，有的分公司出了个好干部，管理很严格，业绩就起来了；又调过来一个新干部，管理上比较松散，结果业绩很快又掉下去了。这种现象的根源在于总部缺乏对管理者的监督。

总部在授权给管理者以后，还要对管理者的管理行为进行监督。监督最好的方式是什么？做小样本抽查。而抽查的结果用什么方式体现呢？总部抽查表（见表4–5）。

表4–5　总部4×5管理抽查表示例

日期：2020年3月18日							
分公司	团队	伙伴姓名	职务	抽查状况	抽查结果	备注	抽查人
河南	猎鹰队	薛××	新员工	1.昨日工作目标：2次拜访目标完成（有通话记录单） 2.今日工作目标：2次拜访	合格	无	总部督导沈××
山东	突击队	张××	老员工	拜访数量1家	不合格	赞助20元	总部督导沈××
上海	冠军队	李××	老员工	1.昨日工作目标：2次拜访目标完成（有通话记录单） 2.今日工作目标：2次拜访	合格	无	总部督导沈××

注：（1）此表格用于总部督导，总部督导须每日抽查分公司销售总监和销售伙伴的动作完成情况；（2）将抽查结果公布于OA（办公自动化）平台，如未按时在OA平台公布检查结果，赞助500元/次。

不要小看督导抽查这个动作，它会给管理者的心态带来微妙的变化。曾经有一位高管直言不讳地说："过去，我们老板也在公司内部导入了4×5过程管理，但是督导没有做好抽查机制。长此以往，很多管理者都会滋生懈怠。如果公司有严格的督导机制，每天不定时挑选员工进行抽查，那么管理者一定会做好管理和检查工作，因为钦差大臣带来的‘尚方宝剑’一直高高在上。一旦抽查结果不合格，就不是罚款那么简单的事了，而是管理者的面子挂不住的问题。”由此可见，抽查带来的适度紧张感是保证过程管理执行下去的一剂良药。

第四张表格：督导填写反馈表

玩游戏的人都知道，游戏之所以让人上瘾，一个核心驱动力源于即时反馈机制。当玩家表现优秀时，系统会给予玩家分数、勋章、升级等各种实时反馈，正是这种实时反馈，刺激着玩家一直玩下去。

管理也遵循同样的道理。五星评定每个季度甚至每半年才开展一次，这个反馈周期很长。在通常情况下，反馈周期越长，效果越差。如何解决这个问题呢？一个有效的手段就是靠督导的即时反馈来调节。督导填写完总部抽查表以后，还要填写反馈表（见表4-6）。通过填写这张反馈表，企业就能将五星评定从长反馈变成短反馈，有助于激励各个销售团队认真做好过程管理。

在实际操作中，如何把握反馈的频次呢？企业有两种选择：要么每天反馈，要么每周反馈。具体选择哪一种反馈频次，通常取决于企业的销售类型。一般来说，门店连锁型企业和电商类型的企业一定是每天反馈，而大客户项目制、经销商、代理商、加盟商类型的企业可以选择每周反馈。本质上，这与企业本身的销售周期相关，企业销售周期如果较长，宜采用每周反馈；销售周期如果较短，宜采用每天反馈。

表 4–6　反馈表示例

4×5 总部督导汇总反馈报告（3 月 18 日）					
集团 24 家分公司					
总部抽查 24 家分公司 33 人，合格 31 人，不合格 2 人，合格率：93.9%					
序号	公司	总部督导抽查			
		抽查人数	合格	不合格	合格率
1	上海	2	2	0	100%
2	深圳	2	2	0	100%
3	北京	2	2	0	100%
4	广州	2	2	0	100%
5	厦门	1	1	0	100%
6	杭州	2	2	0	100%
7	长沙	2	2	0	100%
8	昆明	2	2	0	100%
9	武汉	1	1	0	100%
10	郑州	1	1	0	100%
11	南京	1	1	0	100%
12	南昌	1	1	0	100%
13	苏州	1	1	0	100%
14	石家庄	2	1	1	50%
15	西安	1	1	0	100%
16	佛山	1	1	0	100%

（续表）

序号	公司	总部督导抽查			
		抽查人数	合格	不合格	合格率
17	济南	2	1	1	50%
18	合肥	1	1	0	100%
19	成都	1	1	0	100%
20	银川	1	1	0	100%
21	贵阳	1	1	0	100%
22	太原	1	1	0	100%
23	温州	1	1	0	100%
24	哈尔滨	1	1	0	100%
合计		33	31	2	93.9%
总结		非常好：上海、深圳、北京、广州、厦门、杭州、长沙、武汉、郑州4×5销管周报非常完整，认真、仔细，在此提出特别表扬			
		很好：昆明、南京、苏州、西安、佛山、银川、贵阳、太原、哈尔滨、温州提报情况也很好，需要改进的是，个别空格处需要备注原因			
		良好：合肥、成都提报良好，需要改进的是，周完成情况要进一步完善			
		需要改进的有石家庄、济南公司，因存在会务未先报过程管控目标结果等，在此提出批评，下不为例			

如表4-6所示，督导不仅要列出各销售团队的合格率，还需要对它们的表现进行评价：××团队做得非常好，××团队做得很好，××团队做得良好，××团队存在不足、需要改进。

总而言之，虽然这四张表格与五星评定并不直接相关，但在某种程度上，它们直接决定了五星评定过程得分的有效性。恰如前文所述，虽然过程管理得分在五星评定当中只有寥寥一列，但其背后考验的是整个企业的过程管理子模块设计得是否科学。

第 5 章
子模块 3：通关培训设计

能级加速器：通关 + 培训闭环

在五星评定管理系统的第一个子模块，企业完成了业绩指标的设计，销售团队的作战目标得以明晰。接下来，通过对第二模块 4 × 5 过程管理的设计，我们又完成了销售作战地图的设计。但是，作战地图只能解决销售人员达标的路径问题，并不能解决达标的能力问题。

但凡做过管理的人都明白一个道理：业务人员能力不能持续增长，就不可能支撑业绩的持续增长。尴尬的是，随着近年来西方经营管理理念的普及，绝大部分企业对人才不可谓不重视，但是在培训上真正有实效的却寥寥无几。问题的症结在哪里呢？我认为关键在于，很多企业培养销售人员的理念和方法都不正确，直接导致人才培养没有成效。很多企业所谓的“培养”，就是找一些外部讲师给全体销售人员上课。这种培养方式非常传统低效，甚至无效。

10多年前，我也犯过同样的错误。一次，我邀请泰康保险的培训师给我们团队讲一堂关于销售技巧的课程。培训师在讲台上滔滔不绝，下面至少有一半人无精打采，低头默默地做自己的事情。当我把自己代入听众的位置时，一瞬间突然明白了销售人员为什么不喜欢培训，因为老师讲的和他们想要的根本不匹配。毋庸置疑，培训师确实很优秀，但是在培训之前，他并没有针对我们团队做过详细的调研，所以他所讲的内容明显更适用于保险行业，而非物流行业。

正是这次培训让我明白：要想真正让销售人员对培训感兴趣，关键在于培训内容要击中销售人员的痛点。如果企业所提供的培训正好针对的是销售人员在工作中解决不了的问题，那么即便再懒惰的人也会爱上培训。毕竟，人对于成长的需求属于人性的底层需求。

如何才能找到销售人员真正的痛点呢？企业过去采用的大多是问卷调查、需求调研等方式。今天，大部分企业还是采用同样的方式——年初人力资源部发一封邮件给销售部门，要求各销售部门领导将需要培训的课题报上来；人力资源部收到课题以后，再邀请外部老师来做培训。实际上，员工在现实中遇到的问题才是真正的问题，解决问题的需求才是真正的需求，而这种需求领导是很难发现的。如何才能找到员工真正的问题和需求呢？最好的方式是通关。我经常挂在嘴边的一句话是：通关不是为了把员工通死，而是要把员工通活。因为通关的目的不在于考核员工，而是通过实战模拟来暴露员工身上存在的问题，进而通过培训针对性地解决这些问题。

因此，如何才能提升销售人员的作战能力呢？我的经验就是抓好两个关键动作——通关和培训，并且企业要将通关与培训这两个动作设计成一个闭环。

虽然很多销售人员在第一次通关时难免会出现紧张、尴尬等反应，但是当一个人真正投入到通关当中时，他就会发现通关是一次绝佳的能力体检。当领导一针见血地指出你多年来未曾发现的问题时，你就会知道自己“得了什么病”，接下来，领导还会用他自己的经验告诉你应该“如何去治疗”。那一瞬间，你一定会有打通任督二脉的快感。

能力体检结束以后，公司还要进行集中“诊疗”。诊疗的起点是什么？是员工在通关中暴露出来的错误和问题。因此，对于公司而言，通关最大的价值不是发成绩单，而是编写错题集。

为什么很多学霸都喜欢编写错题集？因为他们知道犯错了没关系，重要的是复盘自己犯错的原因，所谓“行有不得，反求诸己”。实质上，犯错+复盘+改进=迭代。每迭代一次就提升一次，最终我们就会得到自己预期的结果。

如果企业也能编写出员工的“错题集”，并且针对错题集研发培训课程和培训内容，然后再组织员工进行通关，考察员工是否掌握了这些知识难点，这个能级成长的闭环就完全被打通了。最后，这个闭环运行了几次，员工的能级就提升了几次。优化的频率越高，改进速度越快，团队能力进化就越快！

曾经有一位门店连锁型企业的高管听了我的课，激动地对我说："过去我们的新员工一遇到问题，我们就冲上去帮他们解决了。此后，新员工再遇到同样的问题，我就不想解决了。但是，对于新员工来说，他们还是会面临同样的问题。为什么？就是因为他们没有形成闭环，导致他们总是犯同样的错误。因此，我觉得闭环是通关培训中最有魅力的部分。一旦形成了闭环，我们的新员工遇到的每一个新问题都可以得到彻底的解决，接下来遇到新问题，他们就能将其攻克……这样员工能力就会一直往上走，一层又一层的知识就会得到积累。"

今天的世界已经进入了VUCA（易变的、不确定的、复杂的、模糊性的）时代，环境变化太快了。但是，市场环境变了，员工的能力有没有快速迭代，以顺应市场的变化呢？通关培训闭环的背后，其实存在一条员工能力和团队能力快速成长的捷径。每一次"通关+培训"就是一次自我能力的迭代和更新。最终，企业就能用通关培训的高频次循环来对抗外部市场的高速变化。拥有这一能力的企业，是不是比年复一年重复同一套打法的企业更加具有竞争力呢？

通关的"3+2"设计原则

如何才能设计出一个有效的通关体系呢？我给大家推荐一套通关的"3+2"设计原则。

其中，“3”指的是通关的三种形式，包括大通关、中通关和小通关。所谓大通关，是指由公司层面组织的大型通关，这也是五星评定表格当中通关得分的来源。所以，大通关与五星评定的节奏是同步的：如果公司每个季度开展一次五星评定，每个季度就组织一次大通关；如果公司每半年开展一次五星评定，则每半年组织一次大通关。

大通关由公司层面组织，而中通关是由各销售部门每月组织的通关活动，小通关则是在小团队中组织的通关活动。按照不同的销售类型，企业可以每周或者每天开展一次小通关。由于本书聚焦于讲解五星评定管理法，因此，本章我们将选择以与五星评定关联最为密切的大通关为例，来解剖通关的设计逻辑。一旦理解透了大通关的设计逻辑，中通关和小通关只需依葫芦画瓢即可。

“3+2”通关原则中的“2”指的又是什么呢？即通关的两种模式：第一种模式是线上书面考试，第二种模式是线下模拟实战。为了方便大家理解，我们以一个虚拟案例为模板来还原大通关的设计流程。

E公司一共有30名基层销售员，其中转正的销售人员20名，销售员小王就属于这20名中的其中之一。2019年第三季度，这家公司开始试运行五星评定管理法。经过两个季度的试运行，从2020年第一季度开始，E公司正式执行五星评定管理法。在正式执行之前，我们再次对所有销售员做了一次动员，告诉他们：“一旦公司正式运行五星评定管理法，未来你们每个人能够爬到什么岗位、拿多少工资，你们自己说了算！”

经过一个季度的奋力拼搏，到了2020年4月，转正的20名销售员对自己的情况都了然于胸：第一季度的总业绩和新增业绩分别达到了几星级标准，过程得分又达到了几星级的标准。

为什么要强调这一点呢？因为这里涉及大通关的参与资格。只有业绩指标和过程指标同时达到一星级及以上标准的正式销售员，才有资格参加公司层面组织的大通关。

言归正传，我们还是将话题转回到小王身上。小王当前面临什么情况呢？据统计，小王在2020年第一季度总业绩达到了三星级销售员标准，新增业绩达到了二星级销售员标准，过程得分超过了四星级销售员标准。那么，小王是几星级销售员呢？现在暂时无法确定，因为小王还没有进行通关。

假设小王通关分数达到五星级，那么按照木桶原理，以最低指标确定星级，最终小王会被评为二星级销售员；假设小王通关分数只达到一星级标准，那么小王只会被评为一星级销售员；假设小王通关分数没有达到星级，那么即便小王的总业绩达到了三星级，他依然不能被评为星级销售员。这就是前文所述的“三好销售”标准——业绩好、过程好、专业好，三个标准一个都不能少。

现在经过销售督导的统计，我们发现这家企业20名转正的销售员（包括小王在内），一共只有8名销售员的业绩指标和过程指标同时达到了一星级及以上标准。接下来，公司要组织这8名销售员到总部进行大通关。

早在进行大通关的前一天，这8名销售员从全国各地的分公司赶回总部，准备次日参加五星评定大通关。第二天早上8:30～9:30，这8人齐集总部会议室，统一参加公司组织的线上书面考试。

关于线上书面考试，这里还要穿插一组知识点：线上书面考试到底考什么？谁来负责出题？考试的题型如何设计呢？下面我们将逐一解答。

- 线上考试的出题范围在哪里呢？线上考试主要考察销售秘籍。企业如果还没有完成销售秘籍的编写，也可以选择考察四大知识，包括行业知识、产品知识、销售知识和客户知识。
- 线上考试的试题由谁来出呢？如果公司规模小，老板可以亲自出题；如果公司规模比较大，可以由营销部门负责人或销售部门负责人来出题。无论谁出题，都必须做到保密，以确保考试的公平公正。
- 考试的题型是什么呢？考试的题目类型包括填空题、判断题、选择题和简答题，其基本题型和大学英语四、六级考试的题型非常接近。

一个小时很快过去了，这8名销售员都完成了线上书面考试。接下来，他们要逐一参加线下的实战模拟考试。线上书面考试考的是同一份试卷，线下考试就需要分层了。因为在实际开发客户时，不同星级的销售员通常服务的客户规模不同，采取的有效动作也不同。所以，在实战模拟的过程中，要考核的题目也有所不同。

在分层的过程中，我们要遵循一个核心法则：星级越高，线下考试难度越大；星级越低，线下考试难度越小。唯有如此，企业才能真正考出不同星级销售员的专业水平。基于此，企业先要将五个星级分为三个档位：一星级和二星级属于一个档位，三星级属于一个档位，四星级、五星级属于一个档位。每个档位对应的线下模拟考试的题目类型各不相同。

- 一星级、二星级销售员：考试题目涉及电话邀约、电话回访、门店接待、电话成交、电话销售、微信营销、陌生拜访、论坛、沙龙、展销会销售等。
- 三星级销售员：考试题目涉及大客户开发、项目客户开发、深度谈判、异议处理、融入客户圈子等。
- 四星级、五星级销售员：考试题目涉及招投标（看标、做标、投标、达标、中标）、行业解决方案、举办各种营销活动（答谢会、招商会、推广会、洽谈会、促销会、推介会）、直播活动、微视频营销等。

在线下考试之前，企业还必须给所有通关人员一定的准备时间，这个准备时间的设计必须科学。我们在实践的过程中反复摸索，最终得到一个结论：如果设计的准备时间太短，那么员工的表现通常不佳。如果只给销售员两分钟的准备时间，通常大家表现都比较糟糕；如果准备时间过长，通关结果通常也反映不出销售人员的真实水平。我们也尝试过提前一天抽题准备，结果很多销售员线下考试表现很好，但是到了客户现场就不行了。最后通过反复试验，我们将这个时间定格在一组相对科学的数据上，以供大家参考。原则上，企业给通关者的准备时间不要超过下面所规定的时间，才能比较接近实战。

- 一星级、二星级销售员：提前5分钟抽题准备，通关时间12分钟。
- 三星级销售员：提前10分钟抽题准备，通关时间15分钟。
- 四星级、五星级销售员：提前20分钟抽题准备，通关时间也是20分钟。

现在让我们回到小王的通关现场。前文提到，小王本季度完成的总业绩达到了三星级标准，过程得分达到了四星级标准，但是其新增业绩只达到了二星级标准，那么，小王线下模拟考试属于哪一个档位呢？按照木桶原理，我们取其最短板——定档二星级进行通关。因此，小王只能提前五分钟抽题，他抽中的题目是“某年某月某日，我要去陌生拜访一位客户”。抽题完成以后，小王在考场外候场准备。

此时考场内有三个人正襟危坐，他们分别是公司的CEO（首席执行官）、营销部门负责人和人力资源部门负责人。但是，他们今天的身份不是公司领导，而是扮演客户的通关评委。

这里就顺势引出一个小知识点：到底哪些人适合做通关评委呢？一般来说，通关评委包括以下四种人。

- 公司领导，包括公司的董事长、总经理和营销副总裁等。
- 部门负责人，包括市场部、销售部、客服部和人力资源部四大部门的负责人。
- 业务线负责人，包括大区经理、分公司总经理、店长等。
- 公司客户，在模拟通关环节，公司还可以邀请真实的客户来担任通关评委。

五分钟后，小王准时进入考场进行线下通关。从小王进门开始，房间的角落里有一个人默默地掐下了秒表计时。

小王进门以后，首先做“进门三件事”——微笑、递名片、赞美。做完这三件事后，小王开始销售“三说”，即说唯一、说卖点、说好处。紧接着，通关评委开始向小王发难：“你们的价格太贵了，我们不需要，我们已经和其他公司合作了。”话音刚落，所有人都把目光聚焦到小王身上，观察小王会如何应对……

时间一分一秒地过去了，角落里的计时员举起了一块牌子，提醒小王考试时间只剩下一分钟。小王收到了计时员发出的信号，他知道自己要开始收尾了，并为下一次的销售拜访埋下伏笔。

在小王通关的过程中，台下的评委对照着一张表格进行打分。

打分的表格是企业提前精心设计的，企业可以根据自己的实际需求，针对形象礼仪、销售准备、销售知识的掌握程度、心态的平稳程度、现场把控能力、关键问题答疑等多个维度进行评分标准的设计。这个评分标准不是固定的，企业可以根据自己对销售人员的实际要求进行灵活设计，因为不同的销售类型、不同的销售场景对销售人员的要求也是不一样的。

线下模拟考试完成以后，小王的通关流程并没有结束，接下来还有通关点评和通关总结。通关点评是通关系统中的点睛之笔，它是通关流程中专门设计的反馈评价机制。及时有效的反馈，可以帮助销售人员第一时间发现自己的问题并及时进行改正。

通关点评包括自评和他评两个小环节。首先，通关结束以后，小王要进行一分钟的自评——经过今天的通关，他觉得自己做得好的部分有哪些，做得不好的部分有哪些。自评本质上是一种自我批判机制，一个人之所以能不断地进步，在于他能不断地自我反省。很多人对于自身缺陷存在认知上的盲区，他们的痛苦不是解决不了这些问题，而是他们根本看不到自己的问题所在。所以，诗人海涅才强调："反省是一面镜子，它能将我们的错误清清楚楚地照出来，使我们有改正的机会。"

著名企业华为也有类似的自我批判机制。2007年，任正非在内部讲话《将军如果不知道错在哪里，就永远不会成为将军》中讲道："将军如果不知道自己错在哪里，就永远不会成为将军。他知道过去什么错了，哪次错了什么，怎么错的。这就是宝贵财富啊。如果我问你们，你们都不知道错在哪里，那么你们怎么能正确呢？”因此，华为认为，自我批判是一个企业最大的战略储备……企业与其一味要求员工不犯错，还不如建立一种快速纠错的机制。

这与我们的观念不谋而合——通关的目的就是通过实战模拟来发现员工的不足，进而通过领导的点评、辅导以及后续的针对性培训来建立一套纠错机制。因此，在员工自评结束以后，评委还要对通关员工进行六分钟的通关点评，点评内容包括做得好的部分是什么、不足的地方在哪里。任何缺点只有被指出来，才有被改正的机会。

从我们的实操经验来看，领导的点评与辅导会让员工感受到：通关不是冷冰冰的专业考核，而是管理者发自内心地想要帮助员工诊断和解决问题。无论是过去我自己带领营销团队通关，还是今天辅导学员企业通关，在每次的点评环节，现场总会有销售人员发出类似的感慨：“今天的通关对我帮助太大了，它就像一面镜子，照出了我在整个销售过程中存在的很多问题，尤其是领导的点评，点出了我多年来在销售过程中忽略的问题，打通了我的任督二脉！”

做管理多年，我越来越坚信：没有人甘愿做一根老油条，人人都渴望成长，因为追求进步是人与生俱来的本性。但是，许多人之所以没有成长，是因为认识不到自己身上存在的问题。一旦找到了问题所在，提升起来就会很快。这就好比病人看病，最棘手的地方不在治疗环节，而在诊断环节。无法明确病因，治疗起来也就束手无策；一旦明确病因，对症治疗也就不难了，而领导点评其实就是一次“名医”诊断。

既然领导点评是“名医”诊断，那么我们自然不能白白浪费机会。因此，在整个通关过程中，我们还会邀请其他没有参加大通关资格的销售人员一起观摩，并在观摩的同时做好笔记，主要记录以下内容：一是记录评委精彩的点评，二是记录被通关者精彩的回答。从这两者中找到自己的能力差距，这便是最生动的培训，也是激发成长的最好的触发器。

点评环节完成以后，领导最后还需要对今天的大通关进行总结。这个总结不是简单地走走过场，而是通关最终的目的所在。前面我们反复强调，通关不是为了把员工通死，而是要把员工通活。企业不是为了通关而通关，而是要将员工共性的问题总结出来，这就是销售团队最好的“错题集”。接下来，我们要围绕这个“错题集”，把问题等同于课题，研发针对性的培训方案，这样一来，我们才能把通关和培训打通。

我经常告诫企业家和管理者：一个好的销售人员和一个差的销售人员，带来的业绩区别动辄为10：1，背后一个关键的问题就在于二者的能级差距是10：1。而企业要打造高绩效员工，靠的不仅仅是培训——如果培训不和通关结合，单纯的培训并不能提升能级，而是要把通关和培训形成闭环。早在2003年研发这套通关体系时，我们一开始也没有将通关和培训打通，效果也不尽如人意。彼时的通关更多的是为了考核销售人员的专业水平。当我们通过专业考核发现了员工的不足以后，接下来的对策是什么？这才是最需要解决的关键问题。

针对员工共性的问题，企业要有针对性地进行培训方案的研发。当培训方案设计出来以后，企业再对员工进行针对性的培训，培训完成以后再进行通关，通关以后又发现新的不足，再针对新的不足研发培训方案，然后再进行培训通关……如此循环往复，形成一个良性循环，所有销售人员的专业能级在这个良性循环中就能实现螺旋式上升。通过这种方法来训练销售团队，销售人员的能级提升就能立竿见影。

最后，我们来计算小王的通关成绩。一般来说，企业可以提前约定好线上线下通关成绩各自所占的权重。假设小王线上书面考试得分为90分，线下模拟考试得分为70分，公司提前约定好二者各占50%的权重，那么最终小王的通关得分为：90 × 50%+70 × 50%=45+35=80分。

也就是说，小王此时的通关得分为80分，达到了四星级销售员的标准。公司如果偏重于考核销售人员的实战能力，那也可以调整线上线下考试的权重：线上书面考试成绩占40%，线下模拟考试成绩占60%。此时，小王的通关得分为：90 × 40%+70 × 60%=36+42=76分。

如表5-1所示，小王的通关成绩达到了70分以上，即小王的通关成绩达到了三星级销售员的标准。无论这家公司选择哪一种考核权重，按照小王的业绩指标和过程指标进行综合评估，他最终都会被评定为二星级销售员。

表 5–1　五星评定之通关得分设计示例

星级评定标准（2020 年第二季度）					
星级	新增业绩（万元）	总业绩（万元）	过程得分	通关成绩	评定工资
五星级	80	350	90	90	—
四星级	60	250	80	80	—
三星级	40	200	70	70	—
二星级	25	150	65	65	—
一星级	15	100	60	60	—

一般来说，在刚开始组织大通关时，企业可以按照表 5–1 中的通关成绩来设计各星级销售员的通关得分标准。但是，随着大中小通关流程逐渐成为组织的惯常做法，通关慢慢就会内化成为企业的文化基因，员工的专业度也会因此得到大幅提升。此时，企业就可以适当拉高各星级销售员的通关得分标准。

以上就是大通关的流程设计。由于大通关与五星评定绑定在一起，且必须量化为通关得分，因此大通关的流程设计难免更严谨一些。后续在设计中通关和小通关的流程时，企业可以相对简化，将重心放在提升员工实战能力上即可。

因此，当很多企业家和高管向我抱怨销售人员专业度不足时，我会给他们提同一个建议：企业可以利用销售团队开早会的时间做一次小通关，每天早上用 10 分钟时间通关一名员工，由主管扮演客户向员工发问，进行实战模拟演练；然后，企业每月在部门内部开展一次中通关；最后，企业每个季度开展一次五星评定大通关。通过每日小通关、每月中通关、每季大通关，企业内部便能发酵和沉淀一种通关文化。半年以后，销售人员专业度不足的问题一定会迎刃而解。

培训体系的分层设计

学习型组织之父彼得·圣吉有过一个论断："未来真正出类拔萃的组织，将会是那些探索出如何让各层级员工自觉学习、发挥出最大潜能的组织。"遗憾的是，我观察到虽然当今的企业普遍重视培训，但是很多企业培训几乎没有效果。其实，这并不仅仅是中国企业的通病，全球企业都存在同样的问题。

在《管理百年》一书中，作者斯图尔特·克雷纳提到过一组数据：来自宾夕法尼亚州立大学的两位商学教授艾尔伯特·韦斯和罗伯特·富尔默计算发现，全球企业每年会花费1 000亿美元培训员工。两人还估算，一半以上的花销都未能取得满意的结果。

这个问题的根源在哪里呢？我认为背后的原因至少有两点。一是企业没有找到员工真正的痛点，无法唤起员工学习的兴趣。上文中所提到的通关设计，本质上就是为了解决这一问题的。二是培训设计本身不科学，很多企业的培训都是"一刀切"，没有对培训进行分层设计，这个问题在我们调研的企业中随处可见。下面我将针对后面这个问题，结合自己的实践经验，尝试给出一套科学的解决方案。

实际上，一开始我自己带销售团队时，培训就是典型的“一刀切”。每当企业邀请老师来做培训时，我们都会组织销售团队全员听课。因为我不希望任何一名销售人员错失一次好的学习机会。但是，最终的结果却事与愿违——总有一部分人向我抱怨没什么收获。如果培训内容比较基础，那么销售高手听了没感觉；如果老师讲授的内容难度级别略高，那么新员工又听不懂。这个问题一度让我非常头疼。

后来我仔细琢磨，发现自己犯了一个显而易见的错误：这些销售人员的能级水平都不同，我让一个干了八年的销售特种兵来学习如何进行陌生拜访，这简直是在侮辱他！同样，我让一个刚刚入职三个月的新员工学习如何招投标，这无异于对牛弹琴！看起来如此浅显的道理，当时我身在其中却浑然不觉。后来，在开始做培训咨询时，我观察到很多企业仍在犯同样的错误。

事实上，真正科学的销售培训一定是分层打法——根据不同的培训对象，设计匹配不同能级的培训课程。那么，这个分级培训具体如何设计呢？我们可以从培训对象、培训内容、培训时间及方式三个维度来展开思考。

培训对象分层

首先，我们要对培训对象进行分层。根据多年做管理的经验，我把销售对象分层的逻辑归纳为“3+3 分层法则”（见表 5–2）。

表5-2　销售团队的“3+3”分层

销售高层		战略官
销售中层		区域官
销售基层	新员工	生力军
	老员工	主力军
	销售高手	特种兵、狙击手

其中，第一个“3”是指企业的销售团队可以分成三种人：销售高层、销售中层和销售基层。销售高层是战略官，负责战略设计；销售中层通常管理一片销售区域，我们将其统称为区域官；销售基层则需要进一步细分，即新员工是企业的生力军，老员工是企业的主力军，而销售高手是企业的特种兵，也可以被称为狙击手。销售基层的进一步细分便是“3+3”中第二个3的含义所在。

培训内容分层

针对销售团队中的高层、中层、基层，企业还要对培训内容进行分类。销售知识可以分为三种类型——一是技巧类，二是心态类，三是业务类，这三大知识被我戏称为“销售铁三角”。这里，我们先以最复杂的销售基层为例，探讨一下销售基层分别需要掌握哪些“销售铁三角”。

技巧类

企业在设计销售基层的技巧类培训时，要与其4×5过程管理中的销售动作保持一致。战场上需要哪些技巧，培训时就需要有针对性地学习相关技巧，例如：生力军需要掌握的是电话销售、门店接待、陌生拜访等技巧；主力军要掌握的是大客户开发、谈判、异议处理等技巧；而狙击手要掌握的是招投标、行业方案和营销活动等技巧。总而言之，设计技巧类课程要遵循一个规律：销售人员的能级越高，需要掌握的技巧也越复杂，培训内容难度级别也应该越高。

心态类

很多企业的心态类培训就是把销售人员聚在一起打鸡血，这种培训往往缺乏针对性，即便短期看似有效果，长期也很难保持住这种状态。实际上，科学的心态类培训不是盲目地打鸡血，而是要根据不同销售人员当下的心理状态，有针对性地设计心态类培训内容。

当新员工进入一个陌生的环境时，他最迫切的需求是在这个新环境中生存下来，这时候他需要的是什么？信心。因此，企业要给予新员工信心，要告诉他们别怕吃苦，一定要努力活下来。此时，他们要解决的是生存问题，为他们塑造远大的梦想还为时过早。

而老员工的状态是什么？这个状态和婚姻关系如出一辙，老员工也会遭遇“七年之痒”——在一家企业时间久了，他会想离开这个熟悉的环境，去外面的世界看看。这个时候，作为管理者，你需要告诉他坚持下去的理由。因此，企业需要培训老员工“坚持成就梦想”的信念。

而那些顶级高手，他们需要的是什么？信仰。越是高手，越有自我实现的需求，他们需要证明自己的价值。我见过不少行业高手，他们不是为了自己奋斗，而是为了整个行业甚至国家而奋斗。熟悉历史的人都知道，毛主席在长达半个多世纪的革命生涯中，最重要的贡献之一就是打造了一个信仰共同体。在战争过程中，无数先烈在绝境中的自我奉献和自我牺牲，让共产党成为一支不可战胜的队伍，这背后就是信仰的力量。在20余年的职业生涯当中，我曾就职于顺丰，也拜访过很多优秀的企业，从中发现一个真理：伟大的公司都是信仰共同体。因此，企业在设计销售特种兵的心态类培训时，应该将设计的重心放在信仰塑造层面，培育一群真正有信仰的销售特种兵。

业务类

相对而言，业务类培训的设计相对简单一些。一般来说，所有销售基层都需要学习四大知识，包括行业知识、产品知识、客户知识和销售知识。当然，不同团队由于针对的客户群体不同，需要掌握的知识也有一些差异。比如，基础销售团队需要学习销售秘籍，而项目特种兵团队则需要培训项目宝典。具体需要培训哪些业务类知识，企业还需要根据岗位的实际需求而定。

如果企业按照“销售铁三角”的逻辑，针对性地梳理出分层的培训方案，这就会形成未来企业销售大学的雏形。

曾经有一家企业的高管在听了分层培训的逻辑后非常激动，她说：“我回去在企业落地的第一个举措就是对客户进行分层分类管理，第二个就是对员工进行分层分类的管理和培训。过去，我们的销售人员所学习的东西都是一样的，但就如同您所说，生力军、主力军和狙击手主攻的客户都是不一样的，因此他们需要学习的东西本来就应该是不一样的。如果能把客户分类做好，我们再按不同的标准去培养员工，那么一旦这个体系搭建起来，整个市场返单以及客户的口碑一定是最好的。”

培训时间及方式分层

针对不同的销售人员，不仅培训内容要分层，培训时间及培训方式的设计也各不相同。我们不妨从一名销售新人进入公司开始，按照时间线来梳理这名销售人员整个成长周期的培训历程。

今天，很多企业希望新进的销售人员马上能投入战斗，以最快的速度拿下客户。但是，我们并不赞同企业的这一做法。一般来说，新员工进入企业以后，首先要进行为期一周的封闭式培训。企业要如何设计这一周的封闭式培训呢？

首要问题是：第一堂课应该由谁来开局？这堂课讲什么内容，才能让新员工在最短时间内爱上公司？我给大家分享一下自己的经验。

如果企业规模还比较小，第一堂课应该由老板亲自上阵；如果企业规模很大，老板可以委托营销负责人或销售负责人来上课。过去我在顺丰和宅急送带团队时，销售团队新员工第一课通常由我亲自操刀。

第一堂课讲什么内容呢？主题只有一个——销售5Q。在解释这个词的含义之前，我先和大家谈一谈它的来源。其实，销售5Q最早是从我的招聘经验中提炼出来的。

十几年前，我在一家大型集团公司负责华东大区的销售管理工作。不同于今天便利的线上网络招聘，当时主要的招聘渠道是线下的人才市场。与很多销售管理者不同，我不喜欢将销售人员的招聘工作全部委托给人力资源部门，而是将自己化身为首席招聘官，亲自去人才市场招聘。进入人才市场以后，我也不会被动地等待应聘者投递简历，而是提前一天去人才市场“踩点”——考察清楚哪些企业在招聘销售人员。

到了第二天，我会直接前往踩过点的企业摊位面前转悠，询问那些应聘者是否应聘销售员（实际上，我已经知道他们在应聘销售员），并且邀请他们来我们公司的摊位上看看。转一圈下来，我基本就能拉来二三十名应聘者。

紧接着，我会在招聘现场召开一个小型推介会，这个推介会就是按照销售5Q的逻辑，向应聘者讲述为什么要选择我们公司。毫不夸张地说，我手下有不少销售冠军都是这样被“抢”回来的。时至今日，我认为这依然是很多企业没有做到位的一个关键点。任何企业在招聘之前，首先要做的一件事情不是直接去招聘，而是激发起应聘者的兴趣。做不到这一点，怎么可能招揽到一流的人才呢？

那什么是销售5Q？其实它就是以下五个加黑词汇的汉语拼音

首字母。

- 最有**前景**的行业。你的企业所处行业赛道容量有多大？行业的增长趋势是什么，增长速度是多少？……通过客观的第三方数据，我们要向这些新人传递一个重要信息：他们选择了一个最有前景的行业。
- 最有**潜力**的公司。过去我在顺丰给销售新人做培训时，常常将顺丰比喻为产业皇冠上的明珠。在这一环节，我们还可以用讲故事的方式向新员工介绍公司的使命、愿景和价值观。
- 最**前卫**的老板。创始人往往代表企业的一面精神旗帜，因此我们还要用讲故事的方式来塑造老板的价值。如果老板能够自己现身说法讲自己的创业故事，那么没有什么能够比这种创业故事更能打动人。
- 最有**潜质**的岗位。员工最关心什么？最关心自己这个岗位的未来。这个时候，我们要讲清楚这个岗位未来的晋升通道，并告诉新人们：你在这家公司能升到什么岗位，由你自己说了算。接下来，公司还可以邀请一些老员工现身说法，谈谈他们在公司的成长历程。通常来说，身边的真实故事最具说服力。设想一下，当一名老员工告诉他们："三年前，我和你们一样来到这家公司；三年以后，我已经成长为一名店长。"这种身边普通人的成长经历最能激励新员工。
- 最有**潜力**的回报。以上述店长为例，他现在的收入是多少？年薪50万元。接下来，我们不妨以这个店长为案例来解析整个销售岗位的薪酬机制，并且告诉所有新员工：有了五星评定以后，未来你能拿多少钱，也是你自己说了算。

从行业、企业、老板、岗位到薪酬，我们通过销售5Q层层推进，成功地唤起应聘者对这家企业以及销售岗位的兴趣，这是销售5Q的第一个应用场景。当新员工入职之后，我们还需要在培训中再强化一遍销售5Q，让每一个进入企业的新员工都能够更加清晰地看到自己未来的发展空间，按照点线面的逻辑，多维度、全方位地建立起他对这份职业的信心。

接下来的一周，公司每一堂课再邀请一位管理者为新员工授课。多次实践证明，通过几天的面对面互动，新员工都会很快爱上这家公司。

时间过得很快，一周的培训即将进入尾声，一个好的结尾也非常关键。因此，最后一天下午的两堂课也需要精心设计。

首先，第一堂课要组织新人参加统一考试，对一周的培训内容进行考核。千万不要小看这一环节，考试的价值巨大。一方面，如果没有考试，很多新员工都不会重视培训，这是人性使然；另一方面，通过考试成绩，我们也可以看出新员工的融入程度和学习能力，这也是判断新员工是否匹配企业的一种方式。

其次，考试之后，企业还要组织一场“收心会”。所谓“收心会”，就是企业组织所有授课老师和新伙伴坐在一起，开一场座谈会。会上，领导们要向所有新员工传达一个信息：接下来的三个月，你们就要开始实习了，大家在公司不要怕吃苦、不要怕受委屈，遇到任何困难都可以找领导，我们就在你们身边，希望大家能够坚持下去！

为什么我要求企业必须召开“收心会”呢？因为我发现，很多新员工在刚刚进入企业的三个月内非常痛苦。但是，如果领导们在最后的收心会上表达到位，那么这会带给新员工极大的安全感，大大降低新员工在这三个月内的流失率。这是一个小细节，也是我在管理过程中摸索出来的。这虽然不是什么高大上的方法，但在实战中非常有效。

从新员工入职的第二周到第三个月末，企业的培训不再采用传统的集训模式，而要换成一对一的师带徒模式。虽然今天很多企业都设计了师徒制，但它们根本没有真正发挥出师带徒的效用，只是流于形式，将徒弟丢给师父就不管了。事实上，销售部门的师带徒也是有讲究的。比如，过去在顺丰管理销售团队时，我一定会狠抓销售协访，并将其作为落地师徒制的一个关键措施。在新员工转正前的三个月，我们可以将销售协访分为三个阶段。

- 第一阶段：刚开始的第一个月，新员工可能对很多知识都缺乏了解，这一阶段的整个销售过程（包括产品介绍、问题异议处理、谈判等）都应该由老员工来主导，新员工主要负责配合和学习。

- 第二阶段：到了第二个月，随着新员工逐渐进入角色，新老员工就可以对整个销售过程做有效分工。双方提前商定好谁负责产品展示，谁负责问题答疑，谁负责解除客户抗拒……总而言之，我们要在这一阶段有意识地培养新员工的上手能力，让他们深度参与到销售过程中来。如果说非要给一个量化的比例，那么我建议这一阶段新老员工各负责50%的销售工作。
- 第三阶段：到了第三个月，此时销售流程中的大部分销售动作都必须交由新员工来主导，老员工只需要在一旁观察并做好支持工作即可。

每次销售协访结束以后，老员工都要及时带领新员工复盘：在本次销售过程中，哪些环节做到位了，哪些部分没有做到位，对于没有做到位的环节，后面应该如何改进……老员工的贴身辅导，会让新员工快速进入角色。

三个月过去了，大部分新员工会成功转正为老员工，他们的身份也从生力军变成了主力军。此时，主力军的学习模式又改变了。

主力军应该如何学习呢？我的建议是每月集训一次。过去，我喜欢把这次集训安排在销售月度会议之后，结合月通关过程中存在的不足，有针对性地对老员工进行培训。

如果这名销售人员能快速成长，经过数次五星评定后被晋升为销售特种兵，那么特种兵培训应该如何设计呢？我的建议依然是每月集训一次，也可以安排在销售月度会议之后。当然，特种兵集训是针对特种兵通关过程中暴露出来的问题进行的培训。

以上是销售基层的培训设计。那么，销售管理者的培训应该如何设计呢？我们先来扫描一下当前企业销售中高层培训的现状及误区。

从我的观察来看，当前企业暴露出来的最大问题是，销售中高层的“左撇子”现象很严重。我曾经做过一个很戏谑的表述：假设左手代表销售管理者的销售能力，右手代表销售管理者的管理能力，一名好的销售管理者就像一架天平，能够平衡自己的左右手——既能抓业绩，也会做管理。但是，随着接触的企业越多，我越发现大多数企业的天平都是失衡的——大多数销售管理者都是顶级销售高手，而管理能力却非常弱。

与此同时，我经常看到许多老板每年重金投入到销售中高层培训当中，甚至带着所有销售中高层外出学习。纵观中国的培训市场，99%以上的销售课程都在教销售管理者销售技巧　　如何成交订单、如何促销、如何电销、如何谈判、如何做营销活动……事实上，这些销售技巧类的课程本质上都是针对员工的培训内容，从而直接导致中高层培训内容上的严重错位。销售管理者参加的培训越多，左右手的天平倾斜得越严重，销售中高层重业绩轻管理的问题就越严重，这几乎成了中小企业的一个共性问题。

管理即杠杆。真正的大业绩来自管理的杠杆——复制更多的业务高手，而不是靠磨炼个人的销售技巧。一个再厉害的销售高手，也不过是个人作战，终究敌不过一支彪悍的销售团队。因此，销售管理者真正需要学习的是，如何将自己变成一个培养销售特种兵的教练。毕竟，一个人卓越，造就不了一家卓越的公司；一群人卓越，才能造就一家卓越的公司！

如果深入一步思考，为什么销售管理者培训内容会发生错位呢？近10年来，我深度调研了数百家企业，一直试图抽丝剥茧并找到最深层次的问题。后来我发现，这些企业管理者最大的问题在于，他们过于看重销售这件事情本身，而对人的重要性缺乏深刻的理解。而那些能做大的优秀企业，根源在于操盘者对于人的理解更加深刻。下面这样一则小故事耐人寻味。

2013年春天，碧桂园董事局主席杨国强曾经向中国平安保险集团董事长马明哲请教："你管理平安万亿资产，有什么秘方？"

马明哲回答说："我能有什么秘方，就是用最优秀的人。我这儿有很多年薪千万的人。"

这个回答简洁而有力。会面结束后，杨国强对他的人力资源总经理说："我给你30亿元，你去给我招300个优秀的人来。"

无独有偶，惠普公司创始人戴维·帕卡德曾经也讲过一个特别深刻的道理：如果公司的收入增长速度持续快于人才的补给速度，那么这是不能建立起一个卓越的公司的；"人才充足率"滞后于"业务增长率"，组织能力就不能得到保障，更别提有所提升，整个组织就无法驾驭高速的增长，此时此刻只能享受增长的痛苦。

帕卡德的这句话与上面的小故事前后呼应，对很多老板和管理者应该是有所触动的，很多企业甚至整个行业都存在这个痛点——

人才充足率滞后于业务增长率。尤其是对于销售管理者而言，正因为承受着巨大的业绩压力，他们常常会错误地把业绩放在人的前面！

然而，销售部门却是最需要靠人驱动的部门，人的要素相对于其他部门占到最大的比例。而人要发挥出最大的效能，就更需要管理。因此，许多销售管理者甚至老板在培训内容上本末倒置了：他们缺少的不是销售能力，而是管理能力。而管理技能的核心，取决于管理者能不能把人给琢磨透了。推演到最底层，管理本质上无非是围绕人做五个动作：招、培、管、评、留。这五个动作形成了整个人才全生命周期的管理闭环。

招：如何招聘到好的业务苗子，建好自己的队伍

过去我在企业一线做管理，一切现场都是我的招聘现场。无论是在客户的竞标现场，还是在出差途中的火车站，我随时随地都在开启招聘的“雷达”，无时无刻不在挑选优秀的业务苗子。为什么我在每家企业升职都很快？不是因为我自己冲到一线做业绩，而是我随时随地都在“搜索”好的业务苗子，想尽一切办法把他们吸引到我的团队当中。

正如谷歌公司创始人拉里·佩奇所言：“花在招聘上的时间永远不算浪费。”每一位进入谷歌公司的应聘者都是由CEO亲自面试的。在此之前，应聘者还要通过公司委员会的五轮面试，并且要通过“谷歌范儿”模型打分。

创意精英喜欢“羊群效应”，销售高手亦是如此。所以，在招聘环节，我们一定要遵循对等原则——只有高手才能吸引高手。事实上，当你在面试高手时，高手也在面试你。归根结底，一个人选择人才和吸引人才的水平，是由这个人对营销的认知高度决定的。所以，企业在招聘销售特种兵时，一定不能把招人这件事完全交给人力资源部门，而应该让人力资源部门充当协助者的角色，由销售管理者亲自主导招聘。我曾经给所有下属定下一条铁律——谁用谁招谁培训，我们绝不可以把招聘这件事情全部推给人力资源部门，否则就是在推卸责任。

归根结底，为什么很多企业老板和管理者最后都沦为了大业务员呢？因为他们招错了人，老板和管理者在干业务员的工作，本质上是因为他们的业务员能力不达标。

为什么业务员能力不达标呢？因为你没有花时间去挑选好的业务苗子。招聘就相当于军队里的招兵，一旦兵选错了，后面培、管、留都没有意义了，恰如杰克·韦尔奇的那句名言：“人选错了，业绩就没了。”

如何判断一个人是不是优秀的业务苗子呢？我分享一些个人体会和做法。我自己非常喜欢和应聘者聊天，在聊天的过程中，我能通过体察来判断这个人是否有争做第一的企图心，是否有足够的赚钱动力，是否能够吃苦，是否有强大的逻辑能力……其实，我之所以强调管理者要亲自招聘，就是因为这种体察是任何理性分析都替代不了的。只有自己做过业务高手，你才能有那种微妙的判断力。时间长了，你自然会摸索出一套独特的识人套路，并最终形成自己独特的选人模型。

培：好的人才是培育出来的

管理大师拉姆·查兰说："对于企业的中高层管理者而言，培养人才至少和创造业绩同等重要。因为业绩往往是短期的，只有培养人才才能持续创造业绩。"在一线做管理多年，我有一个相似的心得体会：即使再好的苗子，我们也不能听之任之，更不能忽略了对人才的培育。

通常来说，一家企业的培育体系是否到位，直接关系到这家企业在市场上的竞争力。因此，培育是管理者必须学习的一项硬功夫。这也是我们在五星评定管理系统中专门设计通关培训模块的原因所在。

不过，根据我的观察，今天很多销售管理者缺失的不仅仅是培育的方法，更加缺位的是对培育的认知——他们往往把人才培育当成人力资源部门的事情。其实，销售培训是销售管理人员自身的责任，这就好比军队中士兵的训练，大多数靠的是班长。如果管理者没有把人才培育当成一个重要的管理任务，那么团队永远无法做大。

管：业务的背后是管理，所有好的结果都是管理出来的

任正非有一句名言："人才不是华为的核心竞争力，对人才进行管理的能力才是企业的核心竞争力。"大多数企业缺的不是人才，而是一套完善的人才管理体系！最终，企业竞争比拼的不是人才的数量，也不是人才的质量，而是人才的管理体系。销售管理体系包括各种日常管理、沟通管理、激励管理等。那么，我们该如何找到

管理的抓手，并将这些问题转化为简单的制度和工具？其中每一个小课题都值得管理者深入研究和学习。

评：企业如何评价员工的价值贡献

如何科学地评估每个销售人员的价值贡献，这也是一个值得所有销售管理者深思的问题。企业的价值贡献评价方式不合理，就很可能导致本应该工资高的人实际上工资低，而应该工资低的人实际工资又太高。更有甚者，有价值贡献的人无法升职，而一个没创造什么价值的人却因为擅长拍马屁而步步高升……这些都是一家企业走向失败的信号。

一家企业创造最多价值的人有没有得到最多的回报，将直接决定这家企业的未来。因为评价体系就是企业价值观的具体体现，也是企业的风向标。一旦这个风向标不对，员工会不自觉地向这个风向标看齐。最后你会发现，当企业的评价标准不对时，留在组织里面的人就不对了。人都不对了，业绩还能对吗？这就是我们不厌其烦地调试星级销售员评价标准的根源所在。

留：如何从制度层面打造一个留人体系

创业期的企业留人靠的是情义、是关系。当企业只有几十个人时，老板与员工称兄道弟、吃饭喝酒，这种用感情留人的方式是可行的。一旦企业的规模膨胀到几万人甚至几十万人，老板还能每天陪员工吃饭喝酒吗？所以，一旦企业规模做大以后，就必须设计科学的留人机制。因为用机制去留人比用人情留人更高效，也更加可复制。

最终，企业要将所有管理体系汇聚到一起固化为企业的管理制度和管理流程，并集成为一个科学的管理系统。当规模还小时，公司可以靠人治来维持发展；随着公司规模越来越大，我们就必须靠法治、靠系统来治理企业。而这套法治的逻辑和方法，才是销售管理者真正要培训和掌握的内容。

一般来说，销售中层可以每两个月学一次，销售高层可以每三个月学一次。在学习方式上，企业可以根据实际情况灵活安排，既可以安排中高层走出去学，也可以将老师请进来学。通过这些系统培训，管理团队上下会达成共识，形成统一的管理语言和科学管理的思维方式。

第 6 章
子模块 4：销售秘籍设计

销售秘籍：最佳实践的放大器

在培训咨询一线，我观察到一个现象：许多公司动辄要求员工业绩翻番，可是这些公司很少能提供必要的知识、工具和方法来帮助员工达成如此宏伟的目标。

在职业生涯的起点，我就意识到了这个问题。我大学毕业后进入的第一家公司，没有提供任何培训，也不提供任何专业资料，就直接把我丢到市场上。所有相关资料和销售方法都要靠我自己收集和摸索。虽然我一直非常勤勉地拜访客户，结果还是三个月没有出单，差一点被淘汰。因此，当有机会带团队时，我就在思考这个问题：有没有什么办法可以降低出单的门槛？能否将销售高手的方法提炼出来，形成标准化方法论后再复制给其他销售人员，让他们通过学习高手的套路，快速达到高手60%～70%的销售水平呢？

后续在研发五星评定管理法的过程中，我们又提出了通关加培训的闭环逻辑：通过通关发现不足，发现不足以后，将问题等同于课题，再针对课题，研发培训方案……你发现没有，这个闭环走到这里，遇到了一个新问题：这个培训方案应该如何来编写呢？

经过研究和实践，我发现最好的培训教材就是销售秘籍。换言之，从通关发现不足、将问题等同于课题、针对课题研发销售秘籍，到培训销售秘籍、通关销售秘籍，再到通关发现新的不足……企业就将整个良性循环打通了。

因此，通关、培训和销售秘籍这三个环节组合起来，才是一个为销售人员专业赋能的整体方案包：通关和培训是为销售人员的能力赋能，而销售秘籍是为销售人员的销售方法论赋能。要想让这个整体方案包起效，企业先要解决全员上下的认知问题：为什么企业需要编写销售秘籍？我认为它源于企业的三个需要。

编写销售秘籍是知识管理的需要

在企业初创期，销售人员往往凭借自己的经验做销售，这一阶段试错成本高昂，一切都要从头开始摸索。最终企业会呈现出一个两极分化的局面：个别悟性好的销售人员业绩表现特别出彩；而大多数悟性一般的销售人员业绩表现较为普通。随着企业规模的逐渐扩大，极少部分业务明星晋升为管理者。这个时候，有些聪明的管理者会把自己的成功经验提炼总结出来。假设他将自己的方法论复制给100名下属，那么这位业务明星的经验价值就放大了100倍。与此同时，对于这100名销售人员来说，销售也变得简单了，他们有了一套可以参考的方法论，不需要反复试错。如此一来，整个销售团队的整体能力就提升了。

所以究其本质，销售秘籍是什么？就是销售高手从自己的经验中萃取和提炼出来的方法论，形成知识的汇聚和知识的编码，最终使得个人知识沉淀为可复制的企业知识。从某种角度来看，销售秘籍就是销售团队最佳实践的放大器，通过知识管理的杠杆作用，实现最佳实践在销售团队内部的全面复制。

日本战略之父大前研一在其《新企业战略》一书中，也提及知识管理对自己的帮助，原文摘录如下：

> 我曾在麦肯锡公司待过23年，它的特点用一个词来说就是“知识管理”。早在20多年以前，他们就开始建立一种系统，在这种系统中，只要输入关键词，就能检索到过去的项目和经验。比如，在做DDI公司民营化的项目时，输入“民营化”和“通信”两个关键词后，就能迅速从当时麦肯锡的4 000名员工中找出谁曾有过这方面的经验。通过给检索出来的五六个人打电话，一个晚上下来我就知道了应该先从哪里分析，关键要注意什么，等等。这样，到真藤恒先生（NTT首任社长）那里时，我俨然一副对公司情况了如指掌的样子，可以侃侃而谈了。

可惜的是，大多数企业还没有意识到销售部门也可以做知识管理。今天大多数中小企业只有个人知识，没有形成企业知识。整个公司的业绩是靠几个牛人撑起来了，所有的方法论都集成在牛人身上。个人知识没有经过总结、提炼和加工，也很难被其他销售人员复制，就会导致这些企业始终倚靠少数“天才型”选手，销售团队中的大部分员工成长都很缓慢。一旦那些“天才”离开公司，他们身上的经验和方法论也被带走了。最后，个人知识没有被转化为公司的公共知识，这便白白浪费了销售团队最有价值的智力资产。试问一下，在今天的知识经济时代，对于一个组织来说，还有什么资产能比智力资产创造更大的竞争力?

人才是企业唯一的活性资源，人的创造性可以通过知识的复制和传播来放大价值。尤其是当企业的人才密度达到一定程度后，人才所掌握的知识在组织内部的复制会呈几何倍数的速度增长，这会成为企业发展的强大推动力。所以，我经常在课堂上告诫企业家和管理者：文化需要传承，知识需要沉淀。否则，很多销售人员在公司干了几年就离开了，他们身上很多好的点子都没有留在公司，再也没有比一个好主意只用一次更大的浪费了。最后你会发现，公司里来了一拨人，又走了一拨人，但是这些人的能力都没有留下来。聪明的企业不仅仅要将那些最佳实践留下来，更要将它们用起来，以知识管理为杠杆，复制给更多员工。

今天，也有不少企业逐渐意识到知识管理的重要性，但是大多数企业还是把知识管理应用于类似研发等知识型员工较多的部门。

事实上，营销部门也需要做知识管理。过去我在带领销售团队时，要求销售部门编写销售秘籍，要求项目团队编写项目宝典，要求客服团队编写客服宝典，这些都是知识管理最终形成的落地成果，它们能够帮助营销人员快速适应战场。

从长远来看，一家企业想要做大，必须能够实现系统的可复制，而知识管理是系统复制的一个重要环节。只有不断总结和提炼最佳实践，使得最佳实践标准化，才能实现最佳实践的可复制。唯有企业知识与经验可积累、可共享、可复制，后人才能站在前人的肩膀上创新。

编写销售秘籍是通关的需要

编写销售秘籍是一个现实层面的需求。上一章我们提到，通关分为线上书面考试加线下模拟实战。那么，线上书面通关考核什么？销售秘籍。企业即使没有编写销售秘籍，也可以考察四大知识，但是从实践经验来看，销售秘籍是对四大知识的高度提炼，是经过公司内部多位销售高手数次头脑风暴的结晶，其内容含金量会更高。

而对于员工来说，销售秘籍来自一线高手的真实案例和经验萃取，这些身边人的成功路径最能够打动他们，同时也最具有参考价值。这会让他们发自内心地愿意去学习、去应用。因此，我建议企业应提前编写好销售秘籍，再进行通关，这样通关效果会更佳。

编写销售秘籍是员工培训的需要

曾经有一位外贸制造型企业的老总向我诉苦：他的企业经营了近30年，销售团队始终无法壮大。为了补充新鲜血液，企业一直在招聘。不过，很多新员工来了两三个月，很快就流失掉了。直到今天，他的团队也始终无法摆脱这种状态。

他提出的这个问题其实并非孤例，我观察到这种现象在中小企业里俯拾即是。

为什么新员工会大量流失呢？其实，病根在企业自己身上，许多企业对于新员工完全是一种放养的姿态。也就是说，企业花费了不小的代价，好不容易把员工招进来，结果在他们进来以后只是任由他们自生自灭——如果能出单就留下来，如果不能出单就淘汰。这难道不是一种巨大的浪费吗？大部分员工都不是天才型选手，他们需要企业教给他们工作方法，这是很多企业都忽视的一个问题。

事实上，如果从微观角度来看，这家企业的新员工流失还只是一个点的问题。如果拉升到中观维度，它还会暴露出这家企业打法不统一的问题，这种不统一会造成巨大的浪费。

在课程现场，我每次都会做一个小测试，要求每名学员回答一个简单的问题：你认为自己公司的产品或服务最大的三个卖点是什么？严格意义上讲，真正有战斗力的企业只会给出一致的三个答案。但是，现场有不少企业老总连同他们带来的20多位中高管，通常会写出40～50个答案。由此可见，连公司中高管理层都对产品的卖点没有统一的认识，更遑论基层员工呢？

这还仅仅是一个最简单的测试。在实际销售过程中，要解决的问题比这个基础问题复杂1 000倍。如果我们不能统一销售人员的打法，无论是内部沟通还是与外部客户沟通，最后成本一定会很高。

相反，如果企业能够提炼出一套完整的标准方法论，这对于复制团队来说是极其有效的。对于员工来说，他们的销售路径会变得简单、明确并且有效，他们不需要自己费力地从头开始摸索，从而极大地提升自身的效能；对于管理者也简单了，他们不需要单独进行人盯人式管理，只需要统一培训即可，更何况这还是一本专门针对自己公司提炼出来的最好的培训教材。

前文提到过，我曾经邀请泰康保险的培训师来给销售团队做培训。虽然保险行业的培训水平很高，但在实际操作的过程中，即便有一些销售技巧是共性的，却总有一种隔靴搔痒之感。背后的根源是什么？因为我们所处的行业不同、产品不同、销售类型不同，甚至面对的客户都不一样。一旦进入真实的销售场景中，销售人员能否把这些共性的销售技巧用起来，全凭销售人员的悟性和经验。如果悟性不够，那么这些培训的价值就无法发挥出来。

这也让我深刻地体会到：培训要打在销售人员的痛点上，企业必须研发匹配自己的培训教材。因此，我们尝试将销售过程中所需要的知识整理为一本销售手册，后来又逐步迭代为销售秘籍。事实证明，这个培训教材具有很强的针对性，能快速地帮助销售人员掌握销售的必备知识，大大提升销售人员的专业度，快速实现高绩效人才的复制。

具体来说，销售秘籍如何设计呢？我们不妨把这一问题拆分为如下四个关键的小问题。

- 谁来编？
- 怎么编？
- 如何进行编后培训？
- 如何进行编后管理？

Q1：谁来编

曾经有一位老总颇为得意地对我说："陈老师，我们公司也编写了销售手册，虽然名称不是销售秘籍，但意思是一样的！"

我笑问他："很好啊！那你们的销售手册是谁编的呢？"

他回答道："我们销售负责人自己编写的。"

我追问："销售手册用起来效果怎么样？员工专业度提升上去了吗？"

他回答说："好像一般！"

我点头告诉他："这就对了！因为你们编写手册的人找错了。"

真正的销售秘籍应该由谁来编写呢？不是靠某个人闭门造车式的独立创造，而是要调动整个组织中所有销售高手的集体智慧。真正的销售秘籍是在集体智慧的碰撞中共创出来的。因此，在辅导企业编写销售秘籍时，我会重点教给大家编写的逻辑、形式和框架，而不会具体地教他们某一个点的内容应该如何编写。

在给企业做咨询的过程中，我发现很多老板总是寄希望于外部高手点石成金。我奉劝大家放弃这种幻想，外部高手给企业的价值是指路，但是这条路还是要靠自己一步一步踏踏实实走出来。销售秘籍的编写也遵循同样的逻辑，不要指望高手带给企业秘籍。真正最实效的方法论不在别处，而是在自己的企业内部，关键在于企业要把这些隐藏的宝藏挖掘出来，并通过知识管理把这些宝藏的价值释放出来。

正因为真正实效的销售秘籍在企业内部，企业在挑选编写成员时，需要重点关注两点。一是要挑选那些在销售秘籍的某一模块有实战经验且专业度极强的销售人员。比如，销售员小钟非常了解竞争对手，那么他就是未来编写竞争对手知识这一模块的最优人选。二是在选人的过程中，要兼顾编写团队的多样性。企业最好能在不同销售团队、不同职位层级、不同市场区域各自选择一些样本。如此一来，在后续的头脑风暴中，大家才可以充分了解到不同团队、不同层级、不同区域的工作逻辑。以我们行动教育为例，2013年年底，行动教育集团第一次组织编写销售秘籍，就从总部以及各分公司挑选了30多人共同参与编写，其中包括一些优秀的分公司总经理、优秀的团队总监以及各分公司优秀的销售伙伴。

为什么要组织这么多人共同编写，并且还从不同层级、不同团队中挑选人呢？因为生产力最高的团队人员组成通常在技能、看问题的视角方面拥有最大限度的多样性。多样性能带来活力、张力和创造力。

Q2：怎么编

编写团队组建完成以后，接下来要解决的问题是：怎么编写秘籍呢？整个编写过程大体可以分为以下几个步骤。

第一步：分小组讨论

销售秘籍一般可以分为三个篇章：行业篇、公司篇和销售篇。

- 行业篇：包含行业知识、客户知识、竞争对手知识等。
- 公司篇：包含公司介绍、产品介绍、公司销售管理规章制度以及岗位职责等。
- 销售篇：包含销售准备、问题预处理以及成交方法等。

为了保证讨论的高效，我们首先要按照不同的篇章将编写团队进行分组。在分组的过程中，编写团队首先需要选举出各小组组长，然后再选择组员。组长和组员的选择标准参考两个维度：一是意愿度，他自己是否愿意编写这一篇章？二是专业度，他是否对这一篇章有最深入的了解？如果意愿度和专业度都不错，这个人就可以编入该小组。

分组完成以后，大家就可以进行分小组讨论，形成销售秘籍中每一个小模块的初稿。秘籍编写的原则是什么呢？最关键的一个原则是“捞干货”：做自己所讲，讲自己所做。在萃取干货的同时，语言风格上还要使用大白话，以保证每一个新员工都能听得懂、学得会。否则，如果销售人员学完秘籍却不知所云，那就是一本失败的销售秘籍。

第二步：大组“拍砖会”

每一模块的初稿完成以后，紧接着企业还要组织全体编写成员就初稿展开大讨论。这个讨论会被我们称为大组“拍砖会”，由各小组之间相互“拍砖”，逐条逐字讨论初稿。

企业组织“拍砖会”的目的，就是要让不同的高手从不同的视角来看待同一个问题，从而碰撞出一个达成共识的最佳答案。“拍砖”的过程就是对答案进行打磨的过程，这个过程价值千金。

第三步：重复以上动作3～4次

为了把小组讨论和“拍砖会”做深做透，企业要对每个问题精雕细琢。因此，一般来说，我会要求编写团队先后集中3～4次，每次进行为期两天的封闭式编写。

以我所辅导的长风美业为例，2019年7月，长风美业启动了销售秘籍的编写工作，前后一共历时四个月。在开始编写销售秘籍之前，集团从总部以及各区域门店挑选了近50人加入编写小组。为了让样本层次更加丰富，集团从总部、店长以及店员中各选择了一批代表。

编写团队搭建完成以后，我们将所有人分成三组。第一天由组长带领，每组负责一个模块的编写。第二天早上，我们组织所有组员进行头脑风暴，逐条讨论和打磨各小组编写的内容初稿。在激烈的讨论中，其他小组纷纷提出了许多好的修改意见和建议，然后由各小组自行优化。

接下来，我们又用同样的方式打磨了三次，每月集中编写一次，最后编写完成的销售秘籍效果非常好，被长风美业的于董事长誉为“真正的《九阴真经》”。

Q3：如何进行编后培训

即便企业组织了一支精英的编写团队，大家又耗费数月对每一个模块进行精雕细琢，但截至目前，这本秘籍还只能达到60分的效果。要想销售秘籍真正达到90分的效果，剩下的30分就要靠销售秘籍的培训。

为什么要做销售秘籍的培训呢？一方面，培训本身是一个内化和输出的过程，它能够更加强化大家对销售秘籍的理解；另一方面，培训也是一次战前实验，培训的效果可以检验员工对于这套秘籍的接受程度以及在后续实战中的有效程度。

那么，由谁来负责培训销售秘籍呢？企业并不需要从外部寻找培训讲师。原则上，每一个编写成员都是各自编写领域的培训导师。因此，在销售秘籍编写完成以后，我会要求每一位编写成员认领一门课。每一位课程导师都要用自己的语言，将销售秘籍的某一模块转化为授课PPT（演示文稿）或培训教材。

训前准备工作完成以后，企业就可以组织员工进行集训，通过学员反馈来判断这本销售秘籍是否具有杀伤力。与此同时，编写团队还要根据学员反馈来进行二次研发。经过二次研发的完善，这本秘籍基本上可以达到90分的效果。

有人可能会有疑问：为什么是90分而不是100分呢？因为到了这一步，销售秘籍并没有100%完成，接下来，企业还要对销售秘籍进行管理。

Q4：如何进行编后管理

销售秘籍中沉淀了企业销售工作的“基础算法”，为了让“基础算法”持续发挥效用，企业还要对销售秘籍进行有效管理，其中包括申领管理和修订管理。

如此千辛万苦打造出来的秘籍，是不是直接发放给销售人员呢？在一般情况下，我不建议大家这么做。尤其是人员流动比较大的企业，更不能将其直接下发给员工。否则，员工一旦离职，极有可能会泄露公司的核心机密。但是，每个销售管理者有权限申领一本销售秘籍，并将其作为团队的培训教材。当然，前提是公司要与管理者签订保密协议。管理者一旦离职，必须第一时间将销售秘籍交还给公司。

除了申领管理，更重要的是持续对销售秘籍进行修订。一般来说，我们建议1～2年再组织编写团队修订一次销售秘籍。因为销售秘籍只是一个阶段性的产物，在企业发展的某一个阶段，企业的销售团队会面临诸多问题，而销售秘籍是对这一阶段销售问题的回应和解决方案。

然而，企业在发展，市场在变化，销售秘籍也要随之打补丁——及时地淘汰过时的知识，并将新的知识更新进去。比如，企业可以把近一两年冒出来的优秀销售策略、销售话术等新知识及时补充进去，防止销售秘籍与瞬息万变的现实脱节。最终，通过打补丁的方式，企业可以将销售秘籍的设计和执行结合起来，形成一个可循环、可更新的体系。

关于这一点，我们可以参考无印良品的做法。无印良品被称为“90%靠机制运转的企业”，而这个机制最主要体现在*MUJI GRAM*（无印良品工作手册）和《业务规范书》这两本工作指南里面。这两本业务指南针对开店、商品管理以及各个部门的工作，都做了具体的指导。以*MUJI GRAM*为例，这本工作指南详细到令人发指的程度，比如在界定何为“整齐”时，该指南详细到“正面朝上（有吊牌的一面向上），商品的方向（杯子一类的把手朝向要一致）、缝隙、间隔等要呈一条直线”。

如此标准化是否意味着这本工作指南固化了呢？并非如此。*MUJI GRAM*虽然包含了所有的工作事宜，并针对每一项工作事宜用何物、何为、何时、何人的方法做出了明确的规定，但同时也达成了一个共识——现场是最重要的。无论对于管理者，还是一线的店员、执行者，现场都是最重要的。在遵守这些规定的过程中，再去不断地搜罗更好的方法，持续地获取信息和加强沟通，如此一来，*MUJI GRAM*形成了一种自我生长的工作机制。该工作机制可以概括如下。

- 制定指南，形成好的工作开端。
- 具体地运用和执行，这时现场最为重要，而不是领导或者管理者自己的想法。
- 根据工作成果，形成一个优化的开端。
- 在优化的过程中，要重视现场的反馈以及顾客的意见。
- 通过现场的反馈和顾客的意见来获取更好的方法，从而持续地改善。
- 从改善后的方法中形成新的*MUJI GRAM*，投入运营当中。

由此可见，无印良品的工作方法论一直在实践和创新中不断地修正、不断地更新，也在不断地生长。

同样，编写销售秘籍不是简单地寻求一套固化的解决方案，它不是一劳永逸的，而是要与时俱进。因此，每次辅导企业编写销售秘籍时，我都会告诫编写团队：“你们所做的这件事不是一个短期行为，而是一项长期工程。为了保证销售秘籍不与现实情况脱节，我们每年都会根据市场的变化对秘籍进行修订和续编，这件事情没有尽头。”

曾经也有人问过我：“那你靠什么去激励这些人把自己多年的经验毫无保留地贡献出来呢？”事实上，任何一个人能够被公司选入秘籍编写小组，这本身就是一件非常荣耀的事情，背后代表了公司对他专业能力的肯定。与此同时，我还会提醒企业注意一个小细节：一定要将所有编写成员的名字都记录在销售秘籍的扉页。这代表着公司因为感恩他们的无私贡献所做出的精神激励。

综上所述，从搭建编写团队、编写秘籍、培训秘籍到管理秘籍，销售秘籍的设计逻辑就梳理清楚了。千万不要把销售秘籍当成一件可有可无的小事。曾经有人质疑编写秘籍所耗费的时间和精力，短期之内会对业绩产生影响。实则不然，无论是从短期还是长期来看，这都是一笔划算的投资。从短期来看，梳理销售方法论的过程可以帮助编写团队成员更好地梳理销售思路，将自己的实战经验升华为销售方法论，也能让他们在头脑风暴过程中博采众家之所长；从长期来看，这更是一个筑基的过程，是对销售全员最好的投资。

我始终坚信：任何一家企业只要在这件事情上坚持做10年，不断地更新迭代自己的销售秘籍，未来一定可以沉淀出一套真正属于自己的销售方法论。

老子曰："天下难事必作于易，天下大事必作于细。"20多年的经营管理实践告诉我一个朴实的道理：经营管理其实没有什么捷径，也没有什么高深的秘诀，关键在于把常识坚持下去，把细节做到位，日复一日地夯实企业的根基。拉长时间线来看，一家企业能否做大做强，能否穿越经济周期和行业周期，关键在于企业的根基是否扎实。这就如同想要一棵树枝繁叶茂、硕果累累，真正需要滋养的不是树叶，而是树根。

企业经营亦是如此，大多数人盯着的只是企业的业绩和规模，却往往忽略了一个事实：业绩和规模都只是这棵树上可见的树枝和树叶，这棵树是否枝繁叶茂，其实取决于底下看不见的根系和养分。而我们所强调的销售秘籍、通关培训等，其实都是在培养企业的根系，为企业未来的枝繁叶茂和开花结果提供养分。恰如《论语》所言："君子务本，本立而道生。"

第 7 章
子模块 5：薪酬机制设计

动力赋能的本质：把权力还给员工

管理理论之母玛丽·帕克·福列特有一句名言：“很多人告诉我应该做什么事，为什么该去做，但很少有人能真正让我想去做一件事。”纵然这句话诞生于近百年之前，但是遗憾的是，对于大多数企业来说，这在今天仍然是一个天大的难题。

如何才能真正激发一个人内心的动力和欲望呢？多年前我就在思考这个问题。解决这个问题的紧迫性对当今的企业而言似乎更甚。经常有管理者向我咨询，如今90后已然成为职场主力，95后、00后新生代员工陆续拥入职场，如何激发这些新生代员工的工作动力呢？我的答案可能简单到让你失望，那就是把权力还给员工。

最近我在阅读《管理百年》一书，这本书从历史的角度梳理了整个管理理论发展的进程。在阅读这本书的过程中，我有一个非常强烈的感受：每一次管理理论史的变迁，本质上是因为现有的管理模式已经无法适应当前的员工对权力的要求。

例如，在福特汽车时代，支配员工工作的动力是恐惧，因此，当时主流的管理思想是科勒的科学管理——研究的是如何提升员工的效率，根本不曾考虑过人的需求。慢慢地，大家发现这种管理方法根本不能够调动大家的工作动力，接下来把研究的对象转向对人的研究。在《百年管理》一书中，有过这样一段描述：

> 1926年，洛克菲勒基金会向哈佛大学工业心理委员会提供了一笔为期5年的捐款，每年10万美元，用于研究现实中的工作情况：人们在工厂里怎样工作？人们在工作中最关心什么？怎样才能激励工人？哪些因素会影响工人的士气和生产力？科学管理为何不能对生产力和人的行为产生革命性的影响？虽然科学管理逻辑严密，在实践中反而会降低工人的士气。所以，管理学上开始关注人，并不是出于人道考虑，而是绝望使然。

时至今日，近100年过去了，为什么股权激励、合伙人制度等管理新范式炙手可热？正是因为企业要迎合时代的需求，时代每向前发展一步，员工得到的权力就更多一些。今天的90后、00后生长于小康时代，他们中的大多数人已然没有了生存压力，他们需要的是自己做主，需要企业给他们提供发挥自己光和热的舞台。企业只需要把做主的权力交给他们，搭台让他们表演。今天的新生代员工比前辈更看重自主权和个人成就感，没什么比这两个要素更能激励他们。因此，要想从根本上激励这群人，企业必须让他们对自己的薪酬和晋升拥有自主权，让他们对成就感的欲望得到有效释放和满足。

20多年前，虽然我还不曾了解这些管理理论，但或许是由于自己出生在一个普通家庭，成长经历和教育经历塑造了我非常朴素的价值观：人人生而平等，不管出身如何、背景如何，只要有上进心、肯吃苦，每个人都能在公司的平台上实现自己升职加薪的梦想。在我的心目中，能够拥有这种朴素价值观的公司才是真正的好公司。因此，这套五星评定管理系统的背后其实已然隐含着一个前提假设：要最大限度地激励员工，企业必须在制度设计上保证公平，保证所有人的努力程度与自己的收益完全匹配。

如何才能做到制度公平？企业要从人治走向法治——不能让老板和管理者决定怎么分钱，怎么分职位，而要把决定拿多少钱、岗位晋级的权力还给员工，通过一套大家达成共识的规则，赋予所有人公平赚钱、公平升职的机会。企业要让所有人在公司的平台上凭借自己的本事挣钱、晋升、扬名。

任何一个带过团队的管理者应该都有过类似的体验：当管理者分配奖金的那一刻，大部分团队成员都会有一种“不公平”的感受，认为自己的付出比别人更多，最终得到的却比别人少。同样，当管理者决定谁能够升职的那一刻，表面上分配了一个升职机会，其实得罪了剩下所有人。最后，你用这个职位激励了一个人，而剩下的人都和你结了梁子！这就是人性。

而五星评定管理法在设计的底层逻辑上就避开这个问题：一切都不是交由老板和管理者来分配的，而是靠员工自己来赚取。老板只负责搭台，并在上台前和员工约定好分配规则。规则制定好以后，大家各凭本事向市场发起冲锋，最后按照事先定好的规则来兑现自己的利益回报。

当然，要想这套分利逻辑见效，在经营过程中，除了从根本上激发员工的内驱力，企业还必须具备平台思维——除了制定好规则，还要把自己变成一个为员工赋能的平台。在企业未来的定位当中，管理者不再是一个监督者的角色，而是一个平台服务商的角色，领导者的职责就是制定好规则，引领员工成长，协助他们达成自己所设定的目标，帮助他们实现自己的梦想。唯有如此，企业才能激活员工的动力和潜能。

接下来，我们将围绕动力赋能这个话题，详细阐述五星评定管理法是如何借助薪酬机制和人才通道来设计企业的激励系统并持续激励销售人员向市场发起冲锋的。

从一刀切到分级定薪

经常有老板向我抱怨：“我给员工发了这么多钱，为什么感觉这些钱根本没有激励到员工呢？”这个问题的根源在于，企业花钱的方式是错的。

我近距离观察过数以千计的企业，其中不乏一些上市公司和行业龙头。我发现大多数企业对于销售人员的薪酬机制设计得非常简单粗暴，基本上都是沿袭传统的底薪加提成的方式，并且所有销售人员的底薪和提成都是一刀切。

这样的机制能否激发起员工的内动力呢？答案是否定的，一刀切基本等同于大锅饭。众所周知，在任何一家企业内部，不同销售人员的能力是有差别的，努力程度也是有差异的……所有的差别最终都会体现在员工对企业的价值贡献上。如果销售人员的贡献不同，那么相应分配到的薪酬就应该不同。大锅饭则是反其道而行之。

只有当销售人员意识到“我的工资比别人高是因为我贡献大”，方能真正激励到他们。并且，接下来他们会想：那我以后要继续好好干，争取拿得更多。所以，企业要真正激发销售人员的积极性，一定要按劳分配，实行差额激励。高明的企业一定会按照销售人员的实际贡献来决定员工的薪酬，只有让那些贡献大的人在企业内部过得越来越好，才能凸显榜样的示范效应，带动整个企业的活力。

因此，薪酬设计的基本原则是，要建立一套将价值评价与薪酬激励相挂钩的有效办法。由于五星评定本身是一套科学的价值评价体系，因此接下来的问题就是：如何将五星评定这套评价体系与薪酬设计打通？

我们还是以销售员小王为例。假设小王被评定为二星级销售员，那么他能得到什么回报呢？我们首先必须将星级与薪酬设计挂钩。

在服务企业的过程中，我发现很多企业都存在一个错误的认知：大家都理所当然地认为销售人员这个岗位是靠提成吃饭的，因此，对于基本工资的设计都没怎么花心思，全部都是一刀切。但是，企业让一个干了八年的老员工和一个只干了八天的新员工拿一样的工资，真的公平吗？

我们可以假想这样一个场景。小王在公司干了八年，已经熬成了老王。公司刚刚招进来一个小伙子小李，小李拍着老王的肩膀问："老王，你现在基本工资多少？"

老王说："2 500元。"

小李一听，立即说："我也是2 500元啊！"

老王一听，肺都要气炸了，心想："这小子刚来，工资居然和我一模一样！"

此时，老王的心理活动是什么？他会发自内心地恨老板，这种恨日积月累，终有一天会爆发出来。如果这家企业的客服绑定机制也不健全，那么老王很可能会带着自己手里所有的客户愤然出走。

相反，小李的基本工资与老王一样，他会开心吗？也不会。他会在心里盘算：老王在这家公司干了八年，基本工资还是2 500元，看来待在这里根本没有前途，一眼就能望到头，我还是抓紧找下家吧！

如此一来，这家公司由于薪酬设计不科学，同时失去了新老员工的信任。一家没有信任维系的公司，是不可能做大的！

假设这家企业已经导入了五星评定管理法，根据五星评定的激励政策，过去所有销售人员的底薪都是2 500元，而今天只要被评为星级销售员，星级越高，他的基本工资就越高。如表7–1所示，我们将企业一星级销售员的基本工资提升到3 000元，二星级销售员的基本工资提升到3 500元，三星级、四星级、五星级销售员的基本工资分别提升至4 000元、5 000元和6 000元。

值得一提的是，五星评定当中的工资评定并不是指总收入，而是指销售人员的基本工资，也就是大家通常所说的销售底薪。因此，五星评定管理系统中的工资并不包括提成、奖金等各类收入，请读者不要混淆了这一概念。需要提醒的是，销售人员的提成设计与基本工资设计不能用同样的逻辑。关于这个问题，后续我们还会展开论述。

表7–1　五星评定之工资评定

某企业五星评定标准（2020年第三季度）					
星级	新增业绩（万元）	总业绩（万元）	过程得分	通关成绩	评定工资（元）
五星级	52	130	90	90	6 000
四星级	40	115	80	80	5 000
三星级	31	105	70	70	4 000
二星级	23	95	65	65	3 500
一星级	18	90	60	60	3 000

现在我们来比较一下：过去老王基本工资是每月2 500元，现在根据上一个季度的五星评定标准，他被评为二星级销售员，每月

的基本工资涨到了3 500元。

如何来兑现这3 500元呢？一般来说，兑现方式有两种：一种是五星评定之后的下一个季度兑现。比如，老王在2020年第一季度被评为二星级销售员，接下来第二季度，从2020年4月1日到6月30日，老王在这三个月内都将享受每月3 500元的基本工资。第二季度结束以后，公司再按照第二季度的业绩、过程得分和通关得分，重新评定基本工资，然后在第三季度给予其新评定的星级工资……以此类推。另一种兑现方式是在评定结束以后，立即以出差补助的方式来兑现。比如，在4月份完成星级评定后，企业立即将第一季度的基本工资按照出差补助的方式兑现。在我所服务的企业当中，95%的企业都采用了第一种兑现方式，5%的企业会选择当季兑现。

如此一来，五星评定管理系统不仅为优秀销售人员提供了每个季度一次加薪的机会，同时也为所有销售人员设置了一条防止怠惰的红线。因为一个季度的努力只能保证一个季度的基本工资，这对于保持组织的活力也是非常有效的。

薪酬设计的“3+3”原则

如表7–1所示，在课堂上我通常会为学员提供一个薪酬设计的模板。但是，我发现不少企业会全盘照搬模板中的薪酬设计方案，这就非常容易闹笑话。实际上，每家企业所属行业不同，所处的发展阶段不同，因此它们在设计薪酬时必定要根据自身实际情况进行二次开发。

如何才能做好二次开发呢？我从自己的实践经验中提炼出薪酬设计的“3+3”法则。

第一个“3”是什么含义？代表薪酬设计要与五星评定的三个评价标准挂钩。

- 第一个挂钩是与业绩挂钩。这个不难理解，整个五星评定的价值导向是按照员工为企业创造的价值来分配回报的，而销售部门的贡献主要体现在业绩上。业绩越高，对应的薪酬也应该越高。比如，老王过去的基本工资是2 500元，为什么现在每月的基本工资变成了3 500元？因为老王为公司创造了二星级的新增业绩和三星级的总业绩。事实上，正是由于员工的薪酬与公司的战略目标挂钩，公司的战略才能真正地渗透到每个销售人员的日常工作当中。
- 第二个挂钩是与日常过程管理挂钩。要想拿到二星级销售员的基本工资，老王的过程得分至少也要达到二星级的标准。假设老王的过程得分只有50分，那么他也拿不到3 500元的基本工资。
- 第三个挂钩是与通关挂钩。假设老王的通关得分达到了三星级的标准，按照木桶原理，那么老王可以拿到二星级3 500元的基本工资。假设老王的通关得分是50分，那么他最后的基本工资就是无星级2 500元的标准。

也就是说，薪酬指标必须与业绩指标（包含总业绩和新增业绩）、过程指标和通关指标三个标准全部挂钩，最后按照木桶原理定档最低星级的薪酬标准。

关于这一点，曾经有人向我提出疑问："如果企业这样做，那么是不是意味着所有被评上星级的销售人员都要加薪，加薪的成本是不是太高了呢？"

我非常理解大家的想法，经营企业必须时刻控制好成本。但是，企业不应该仅仅从成本的角度去考虑薪酬设计，而要从投入产出比的角度去考虑这个问题。

在我的方案班上，很多企业老总会带着财务、人力资源以及各业务线负责人来现场共创营销管理系统方案。每次做到薪酬设计环节，我都会要求财务负责人测算一下各星级销售员的投入产出比。最后得出的结论是什么？销售人员星级越高，成本占比越低。换言之，虽然企业为星级销售员设计了更高的基本工资，但是由于薪酬与业绩指标是挂钩的，一旦销售人员拿到了高工资，也就意味着他们给企业创造了更高的总业绩和新增业绩。

恰恰相反，真正给企业造成高成本的不是高星级员工，而是那些无星级的低绩效员工。虽然他们的工资水平貌似最低，但其实他们创造的业绩更低。而且，过不了多久，他们还会因为赚不到钱而离开。这些进进出出的低绩效员工，非但不能为企业创造什么价值，还会耗费企业大量的成本。

因此，提升星级销售员的基本工资，对于公司和员工来说，本身是一件双赢的事情：员工能拿到更高的基本工资，他们受到了激励；而公司也能创造更高的业绩，业绩增长的问题解决了。这一做法就贯彻了我们在上一本书《大营销哲学》中所提到的特种兵战略。

从绩效表现的维度来看，什么是销售特种兵呢？一个人拿两个人的工资，创造三个人的业绩。作为老板，当一个人能为你创造三个人的业绩时，你当然愿意多付一倍的薪水。而对于员工来说，如果他能在一家企业里面拿两个人的工资，那么他也愿意全力以赴。事实上，从我的实践经验来看，对于大项目制企业而言，项目特种兵甚至可以做到一个人拿三个人的工资，创造九个人的业绩。

遗憾的是，我们在现实中经常会遇到一些倒过来的企业，它们反而落入了“321陷阱”——三个人拿两个人工资干一个人的活，这是非常致命的。一家企业人效很低，说明这家企业的员工专业能级不高且管理效率低下，这就不是一个有竞争力的企业。

因此，传统企业可能更看中销售团队的规模，但我从来不主张人海战术，而是强调销售团队必须精兵强将。北宋政治家司马光提出：“养兵之术，务精不务多。”企业与其盲目地压低人力成本扩招，不如把人均效率和工资待遇提上来，吸引真正的精兵强将。所以，在薪酬设计上，我们提倡特种兵战略。特种兵战略本质上就是高绩效打法，而高绩效就必须匹配高收入，这样高绩效团队的生命力和战斗力才能达到最优。

接下来，我们将介绍第二个“3”——薪酬设计的三条原则。理解了这三条原则，企业就可以根据自己的实际情况灵活转化和运用。

第一条原则：梯度原则

什么叫梯度原则？它是指企业在设计薪酬的过程中，需要适当地拉开薪酬差距，使得各星级销售员的基本工资呈现出一个梯度。

为什么要提出梯度原则呢？其目的在于将工资从保健因素转化为激励因素。可能很多人对这两个专业术语还比较陌生：到底什么是保健因素？什么是激励因素？它们来自美国行为科学家弗雷德里克·赫兹伯格在《工作的激励因素》一书当中提出的“双因理论”。

赫兹伯格将工作动机分为两类：一类是保健因素，它们用于满足人的本能需求，包括监督、人际关系、现场工作条件、工资、福利和职业安全感等。倘若这些要素低于员工可接受的水平，员工便会对工作产生不满。但是，仅有保健因素不足以带来工作动力。另一类更重要的是激励因素，它们是为了满足人类独有的需求而存在的，比如成就、赏识、挑战性的工作、个人成长以及发展的机会等。

虽然赫兹伯格将工资归类为保健因素，但是通过五星评定的设计，我们已然将基本工资从保健因素变成了激励因素。诚然，当所有销售人员的基本工资都是一刀切时，工资就是保健因素。但是，一旦我们按照星级来评定基本工资，那就意味着只有一部分优秀的星级销售员能获得高工资。此时，基本工资就从保健因素变成了激励因素。

因此，企业在设计薪酬时，一定要按照不同星级进行差额设计：星级越高，拉开的差距就要越大。举个例子，我们将各个星级之间的工资差额设计如下。

- 一星级与二星级：差额400元。
- 二星级与三星级：差额500元。
- 三星级与四星级：差额800元。
- 四星级与五星级：差额1 000元。

如此一来，差额设计就能让基本工资从保健因素变成激励因素。当然，要让这一激励因素发挥作用，差额设计必须合理，必须对销售人员产生吸引力。倘若每个星级之间只相差一两百元，那基本工资的激励性也会大打折扣。

当然，企业也不可矫枉过正，如果各星级薪酬相距甚远，那么这也会带来另外一种负面效果。这就涉及薪酬设计的第二条原则——封顶原则。

第二条原则：封顶原则

在实践过程中，我观察到一部分企业为了鼓励销售人员冲击四星级、五星级，将三、四、五星级销售员的基本工资差距拉得很大，甚至每个档位相差1万元。我坚决反对企业这么做，因为这会违反薪酬设计的第二条原则——封顶原则。

什么是封顶原则？它是指企业五星级销售员的基本工资不得高于一星级销售经理的基本工资。同理可知，三星级销售经理的工资也不得高于一星级销售总监的工资，其他层级及岗位以此类推。

为什么在薪酬设计时要遵循封顶原则呢？这是因为在访谈企业的过程中，我发现很多企业都存在一个共性问题：真正优秀的业务员都不愿意做管理。

为什么大家宁愿做业务员，也不愿意做管理者呢？经过仔细了解，我发现问题通常出在企业自己身上：一方面，这类企业通常没有完善的管理系统，管理者不仅要做业务，还肩负着繁复的管理任务；另一方面，管理者的工资薪酬甚至不如做得好的业务员。两相比较之下，当然没有人愿意做管理者。长此以往，这类企业的管理人才会断档，永远只有几个老人维系着管理活动，新人培养不起来，团队自然也就发展不起来。

因此，在设计五星评定的基本工资时，企业必须遵循封顶原则：五星级销售员的基本工资原则上不要超过上级管理者的基本工资。与此同时，企业原则上只能允许个别非常优秀销售员的总收入超过管理者，而大部分销售员的总收入都不能超过上级管理者。

第三条原则：内外原则

上述的梯队原则和封顶原则都是从企业内部视角来看待薪酬设计的。然而，做薪酬设计时，企业不仅仅要向内看，更要向外看，因为外部同行也是薪酬设计的一个重要参考坐标。

企业要成为行业第一，必须招徕一大批一流人才，而一流人才通常也需要一流的工资待遇。尤其对于人才竞争比较激烈的行业，想要打造人才洼地，企业更要参考外部同行的薪酬标准。设想一下，如果我们企业高星级销售员的基本工资都比不上外部同行，甚至远远低于同行，那么这个薪酬设计就是不科学的。因此，在设计薪酬时，要充分调研并参考同行的薪酬待遇，设计出具有人才吸引力的薪酬机制。

以上就是薪酬设计的“3+3”设计原则。根据这一原则，企业可以比较轻松地将各星级的基本工资设计出来。

零底薪企业的薪酬设计

在服务企业的过程中，上述“3+3”原则可以解决大多数企业薪酬设计的问题。但是，我发现有些企业还可能遇到两种特殊情况，其应对方式也值得大家参考。

第一种情况是零底薪。几乎在每期课程现场，都会有企业家学员问我："我们公司的销售岗位没有基本工资，目前我们也不想改变这种零底薪的薪酬机制。像我们这种情况，还能否导入五星评定管理法呢？"

答案是肯定的。五星评定本质上是为了激励星级销售员，至于是不是以工资的名义来发放激励金，其实并不重要。因此，这个问题的解决方案其实很简单，企业只需要将基本工资换成津贴就可以了。如表7–2所示，企业可以做如下设计：一星级销售员津贴500元，二星级销售员津贴1 000元，三星级销售员津贴1 500元，四星级销售员津贴2 500元，五星级销售员津贴3 500元。

表7–2　五星评定之津贴评定

某企业五星评定标准（2020年第三季度）					
星级	新增业绩（万元）	总业绩（万元）	过程得分	通关成绩	津贴评定（元）
五星级	52	130	90	90	3 500
四星级	40	115	80	80	2 500
三星级	31	105	70	70	1 500
二星级	23	95	65	65	1 000
一星级	18	90	60	60	500

除了零底薪的企业外，还有一部分企业不愿意调整现有的薪酬机制，因为它们已经有一套运作十分成熟的薪酬机制，同时也怕招致其他部门员工的嫉妒。针对这种情况，企业也可以采用津贴的方式来进行补助，从而规避以上问题。

全国性企业需设计城市系数

近几年来，我服务过多家上市公司和行业龙头企业，这些企业通常已经在全国甚至全球市场展开布局。这就带来了一个问题：由于市场跨度非常大，各区域市场的工资水平参差不齐，针对各区域市场工资水平差异很大的情况，企业应该如何设计各区域市场的基本工资呢？

为了方便大家理解，我们来举一个具体的例子。在前述业绩指标设计一章中，我们提到了业绩指标的设计要考虑区域差异性。假设某企业为北上广一线城市的分公司设计一个业绩评定标准，又为西宁、拉萨类似的西部省会城市设定一个业绩评价标准，那么上海的五星级销售员和西宁的五星级销售员，他们是不是应该拿一样的基本工资呢？

既然业绩指标的设计要考虑区域差异，那么工资设计也要考虑区域差异。具体怎么设计呢？企业可以根据不同城市的消费水平，为不同的城市设置一个城市系数。

假设这家公司总部在西安，那么以西安的工资标准作为基准线，上海分公司薪酬可以在总部的基础上乘以1.2的城市系数。假设二星级销售员小王过去在总部西安做业务，每月基本工资是3 500元，现在总部将小王调往上海分公司，一个季度以后，小王被评为上海分公司的二星级销售员，那么小王在上海分公司的基本工资=总部标准薪酬 × 上海的城市系数=3 500 × 1.2=4 200元。

假设一个季度以后，小王又被调往西宁公司。一个季度以后，小王仍被评为二星级销售员。假设西宁的城市系数设计为0.8，那么小王在西宁的基本工资=总部标准薪酬×西宁的城市系数=3 500×0.8=2 800元。

因此，对于全国性企业而言，它们一定要充分调研各地的薪酬水平，设计出合理的城市系数，进而使得企业的薪酬设计更加科学化、精细化。

提成设计不得纳入五星评定管理系统

很多企业家和管理者在理解了基本工资的设计逻辑以后，希望将提成也纳入五星评定管理系统中。这里我要着重强调一下：千万不要把提成设计纳入五星评定管理系统。提成设计与基本工资设计遵循两套不同逻辑，不可以混为一谈，否则会导致企业的薪酬机制过于复杂。

从我对企业的观察来看，薪酬机制过于复杂的问题，一直是影响很多销售型企业做不大的关键问题之一。不久前，在服务一家高端健康体检企业时，其业务线高管向我抱怨道："我们公司新入职的员工两年内根本搞不清楚自己的工资是怎么算出来的。除了底薪，我们还有复杂的绩效，然后还要加上提成……"

我提醒这家企业的老板和高管："这样做肯定不行，因为一线和二线的薪酬设计是有区别的，绩效工资明显属于二线薪酬的设计逻辑。一线团队是直接面对客户的，薪酬机制一定要简单透明。企业要让销售人员在攻城之前，就可以迅速算清楚自己的收入，这样一来，他们才能一门心思地去攻城。”

《孙子兵法》云：“将者，智、信、仁、勇、严也。”智、仁、勇、严的意思一目了然，最令人迷惑的一个字是“信”。什么是“信”？杜牧的注释解开了我的疑惑。杜牧注：“信者，使人不惑于刑赏也。”信，本质上就是赏罚分明。作为将领，你要让每个士兵都非常清楚犯什么错受什么刑，立什么功受什么赏，这是为将者非常重要的品质。

试问一下，今天有多少企业的管理者能做到这一点呢？如果做不到，你知道会带来什么后果吗？不但会严重伤害销售人员攻城的积极性，还会给企业的管理带来诸多意想不到的后遗症。

曾经有位财务总监向我反馈：“陈老师，您所提倡的‘提成设计要简单的理念’解决了我工作中很大的难题。不瞒您说，我一直觉得自己不是一个财务总监的角色，而是一个判官的角色，因为我一直都在判定：哪一笔提成属于哪一支团队？每一名销售人员的提成该如何计算？我最害怕的事情就是——每次发完工资，总有不少销售人员跑过来找我确认提成的算法。我感觉自己有三分之二的精力都耗费在这些事情上面。但是，如果提成设计一开始就简单清晰，我就不会有这些莫名的烦恼。”类似的抱怨和反馈在我的课堂上俯拾即是，这也从侧面暴露出一个问题：80%以上的中小企业在提成设计上的理念和方法有待商榷。

在近距离观察企业的过程中，我还发现一个规律：企业的规模越小，销售提成机制设计就越复杂。很多中小企业在提成设计上陷入了一个误区：精算逻辑。我见过最夸张的一家企业，公司专门配置了六个财务来核算四个销售人员的提成。千万不要错误地以为，这就是精细化管理。恰恰相反，这样的企业永远也不可能做大。真正像顺丰这样优秀的龙头企业，一线销售人员的提成设计反而相当简单。

复杂带来最大的问题是什么？不利于销售团队“打仗”。为什么蒙古军队那么善于打仗？其原因之一是，蒙古人打仗时轻装上阵，每个人两匹马，一匹马累了就换另一匹马作战。而今天很多企业背负的包袱太重，机制太复杂，打起仗来自然就无法高效。

因此，我建议所有销售型企业都要遵守“两页纸”法则——不妨重新盘点一下企业内部所有的销售管理制度，任何一项管理制度超过两页纸，都需要重新设计。否则，员工看都看不懂，还怎么执行？在设计销售规章制度的过程中，企业始终要谨记：字不如图，图不如表。如果能够用一张表格把事情讲清楚，就不要讲更多。因为唯有简单，才能被理解；唯有被理解，才能被记忆；唯有被记忆，才能被执行。

在新员工进入公司时，如果管理者不能在五分钟之内将销售人员的薪酬体系讲清楚，那这样的公司一般都做不大。反之，当销售人员一进公司就弄清楚了提成怎么设计，工资是由什么构成的，如何晋升，接下来只剩下一个任务——冲锋，那么这才是好的销售管理机制！如果一个人在冲锋之前，不知道自己攻下这块阵地以后能有什么回报，何来的积极性呢？

不过，简单的背后并不意味着没有规则，反而更加考验设计者的功力，因为简单意味着要往下挖掘出本质，并用最少的资源来实现自己的目标。

在20多年的职业生涯中，我分别管理过代理商（经销商）类型、大项目类型和门店销售类型企业，亲身经历并摸索过这三种销售类型企业的提成设计逻辑。正因为亲身经历过，我才知道不同的企业提成设计的差异性比较大，并且提成设计与企业的自身特点和实际情况紧密相关——切不可一概而论，而要具体问题具体分析。因此，要设计出科学的提成机制，企业应邀请专家做一对一的个性化辅导，切莫走捷径，直接照搬其他企业的提成机制。

第 8 章
子模块 6：人才通道设计

人才断档的根源

由于工作的关系，我在近几年接触了大量企业，发现不少企业内部都存在一个关于人才的悖论。一方面，我经常听到老板们抱怨内部人才少，外部合适的人才也难找。另一方面，我深入企业调研后，发现大多数企业其实并不缺乏优秀的人才，甚至人才密度很大，但是当下这些人才的潜能是被压抑的，人才纷纷抱怨老板没有给他们发展的平台。

最后研究下来，这个悖论的源头在哪里？事实上，企业缺少的并不是人才，而是一套能让优秀人才冒头的好机制。我的家乡在江苏，小时候我常常会听大人们讲一句俚语：麻袋里面装菱角，个个想冒头。我做管理多年的心得就是，衡量一家企业优秀与否，关键看它的人才机制能不能让优秀人才不断脱颖而出，不断涌现出越来越多“冒头的菱角”。

如果企业没有给优秀人才冒头的机会，那么这会导致什么后果？过去很多一线销售人员默默无闻，如果没有一套科学公正的评估机制，他们的才华和能力就很难被观察和衡量。再加上人才通道受阻，我们最终将看到两种结果：要么他们离开，去寻找新的平台；要么他们把自己的野心封印起来，逐渐沦为平庸的人。这就是很多企业老油条越来越多的根源所在。正如曾国藩所言：“人才靠奖励而出。大凡中等之才，奖率鼓励，便可望成大器；若一味贬斥不用，则慢慢地就会坠为朽庸。”

近8年来，我深入一线辅导了数十家企业。实践证明，一旦企业的人才通道设计好了，人才就可以如泉水一般从企业内部源源不断地冒出来。遗憾的是，大多数企业的问题在于，不是员工不想冒头，而是企业没有设计好一个能让员工冒头的机制——一套公平透明的人才选拔机制。

在很多企业里，老板和上司说你是人才，你就是人才，说你不是，你就不是！人才能否在公司脱颖而出，完全凭借老板或上司的主观判断。所谓“上有所好，下必效焉”，这就容易造成马屁文化，挑选出来的往往并不是最能为企业创造价值的人。要杜绝这种马屁文化，还要回到晋升机制上找病根。

我个人有一个保持了十多年的好习惯：经常请离职员工吃饭，私下了解他们离职的真实原因。十多年调研下来，占比最高的真实离职原因是什么？与上司不合。由此可见，如果一家企业把下属的命运交给上司来裁决，那么这恐怕是一个非常愚蠢的决策。因为权力一旦到了人手上，就会存在被滥用的可能性，即使不被故意滥用，也会受制于人的主观偏好。

因此，一个成熟的企业必须设计一套科学的人才评估体系，让人才可以被衡量。而五星评定本质上就是一把科学衡量的“尺子”。有了五星评定这把“尺子”，一个销售人员是不是人才，他为企业贡献了多大的价值，只要放到尺子的标准下丈量一下，就可以得出结论了。这就从根本上解决了论资排辈和拍脑袋的问题。并且，这把尺子还是公平公正的——评估的标准和流程都是高度透明的。高透明度可以减少搭便车问题，因为个人的努力和贡献也可以被其他人观察和评估，这样得出的结果才能让每个人心悦诚服。

人才评估完成以后，接下来，企业该如何设计人才通道呢？这就是五星评定需要设计的第六个子模块，也是本章亟待解决的问题。严格意义上讲，人才通道不仅仅包括晋升设计，还包括降级设计、淘汰设计等。最终，企业要将人才通道设计与星级评定绑定在一起，将人才通道设计变成一套流程化的制度安排。

专业线晋升通道设计

我们先来讨论人才通道中最为关键的一个问题——人才晋升机制的设计逻辑。

由于从事培训和咨询的缘故，我接触过数以万计的企业并从中发现一个规律：任何一家成功企业的背后必然有一套科学的、行之有效的升迁体系。相反，如果企业没有把晋升通道打通，这家企业很快就会遭遇增长的天花板。而在增长天花板的背后，本质上卡脖子的是人才瓶颈。

反观中小民营企业，它们有没有一套公平且透明的升迁体系呢？员工知道自己做到什么程度就往哪里升，做得不好往哪里降吗？从我的观察来看，大多数中小企业都没有做到这一点。

在每一期课程的现场，我都要做一个小调研，问问在场学员："你们企业的销售团队通常是按照什么标准来决定晋升的呢？"

有人说，销售团队就是凭业绩晋升，谁业绩好谁晋升；有人说，按照工龄晋升，谁资格老谁晋升；还有人说，按照学历晋升，因为老板认为学历越高潜力越大；还有的家族企业更是按照关系晋升，谁和老板的关系亲近，谁就更容易晋升……

面对这样形形色色的晋升标准，员工会服气吗？当然不会。实质上，晋升标准是向员工传递企业真实价值观的信号，一个好的晋升标准，应该能够最大程度地激发员工的内在驱动力，而不是破坏它。

那什么样的晋升标准能够让所有人心悦诚服呢？我们还是要回到晋升的本质。晋升是什么？晋升是对企业内部发展的机会进行的分配。《华为基本法》第十八条指出：华为可分配的价值主要包括组织权力和经济利益，分配的形式不仅仅是金钱或者是经济利益，还包括发展的机会。发展的机会体现在哪里？晋升机制。

企业应该如何分配有限的发展机会呢？与薪酬一样，发展机会的分配逻辑也要基于价值贡献。我们只信奉一条准则：创造最大价值的人，理应获得最大的收益。谁对企业的价值贡献最大，企业就要把晋升的机会分配给他。

但是，在分配晋升机会的过程中，企业还要综合考察不同人才的特性和能力。有的人适合做管理，那就让他们晋升为管理者；有的人不适合做管理，那就为他们提供专业线的晋升通道。因此，企业不仅要将五星评定与晋升机制打通，同时还要提供人才发展的双通道：一条专业线通道，一条管理线通道。

为什么我要设计两条通道呢？这也是源于我在管理实践中的教训。我曾经也一度错误地认为：只要连续两次被评上三星级及以上的高星级销售员，都可以被晋升为管理者。后来的事实证明，不是每一名销售高手都适合做管理者。本质上，销售高手和销售管理者的能力模型是完全不一样的：销售高手只要管好自己，拿出业绩就可以了；而管理者的绩效是通过帮助下属成功而获得的，这不但要求管理者拥有利他之心，更要求管理者懂得如何将自己的销售能力复制给团队成员。

遗憾的是，从我接触的企业样本来看，今天大多数企业销售岗位是没有专业线晋升阶梯的。如果你的企业没有设计专业线的晋升通道，这又会出现一个什么现象呢？你会发现，虽然很多老员工在公司干了很多年了，但是他们的专业度根本没有提升。尤其是当企业的考核周期不科学时，例如每三个月一考核，由于面临每三个月考核一次的压力，这些老员工被迫放弃开发大客户，只能天天去开发那些小客户，因为小客户的成交周期短。长此以往，这些老员工的专业不退化就不错了！

更可怕的是，将不适合做管理者的销售高手强推上管理岗位，最后会让决策者陷入进退维谷的尴尬处境：如果继续让这位销售高手带团队，他没有管理能力，最后就会害了整个团队；如果让他离开管理岗位，继续回去做普通员工，又可能面临失去人才的风险。因此，针对这类不适合做管理者的销售高手，企业不要瞎折腾，不妨专门为他们设计一条专业线的晋升通道。

那么，我是如何想到在销售团队内部开辟一条专业线晋升通道的呢？这源于我自己的第一段职业经历。

大学毕业以后，我进入家乡的一家摩托车企业做业务员。由于平日重视维护客户关系，我与不少经销商都成了好朋友。2000年以后，摩托车销售日渐式微，许多经销商都开始转行。其中，一个与我关系颇好的经销商转行到物流行业，跑到上海从事货代生意。受他的影响，我也开始关注物流行业。一个偶然的机会，我在人才市场发现了正在招聘的宅急送。面试我的是华东大区的一位老总，他看过我的背景以后，邀请我去宅急送担任项目经理。

这是我第一次听说销售团队也有“项目经理”的职位。我很好奇，到底什么是“项目经理”？原来，彼时宅急送的销售部门已经有两支团队：一支是基础销售团队，主要面对普通中小客户；还有一支是项目销售团队，专门负责开发大客户。在我进入公司之前，宅急送已经有了项目团队的雏形，不过当时的大客户还不太多，项目团队比较羸弱。

鉴于此前的工作背景，在进入宅急送以后，我就被派往杭州公司负责市场管理。当时宅急送的规模已经很大，仅仅杭州分公司的团队成员就有一两百人。后来，公司又将我调到上海公司负责销售团队，一直到后期统管整个华东市场。在辗转的过程中，我发现宅急送销售分层的打法真的太科学了，它解决了我早期做管理时的一大痛点——如果一个新员工随意开发大客户，由于其能级不够，他往往会把客户开发弄得一团糟，再派高手开发就会难上加难。而分层的逻辑就可以有效地避免这种状况，让专业的人来服务更重要的客户，这就是大营销体系中特种兵战略的雏形和源头。

于是，我开始在华东地区推广这一做法。比如，当时上海分公司一共有50名销售人员，我将这支部队分为两支队伍：其中40名是基础销售，相当于普通士兵；10名是项目销售，相当于特种兵。这40名基础销售再细分为5支小团队，分别负责沪北、沪南、沪西、沪东、沪中五个片区。其中，基础销售只能开发本区域的中小客户，不得跨区域开发，也不得开发大客户。

如果各片区的基础销售遇到了大客户，这个时候怎么办呢？销售人员必须第一时间上报公司，由公司统一分配给项目经理进行开发。比如，我现在的同事饶君老师，彼时正好担任沪中地区基础销售的区域主管。他所主管的地区有代收货款业务需求的大客户特别多，结果他只能上报，不能开发。最后他不胜其烦，希望向公司申请调往上海本部任项目经理，由自己亲自开发这些大客户。

这里就产生了一个问题：如何从基础销售晋升为项目销售？企业必须打通这个人才通道，这就成为我们思考专业线晋升通道的起点和契机。

这里可能有人会疑惑：如何确保基础销售愿意将大客户如数上报公司？如果强制性要求销售人员上交大客户名单，必然会挫伤基础销售的积极性。要想解决这个问题，公司可以提前设计好提成共享机制。比如，公司约定好，凡是基础销售上报的大客户，发现者与开发者提成分配比例为5∶5。如此一来，对于基础销售而言，上报客户至少有两个好处：一是避免客户资源的浪费，如果基础销售的专业能力跟不上，独立开发不下来，最后客户资源就被白白浪费了；二是报备上来以后，基础销售也可以跟随销售特种兵一起学习开发大客户，这对于其提升专业能级大有裨益。

由于分层管理模式在华东大区取得了非常不错的成绩，北京总部也借鉴了华东大区的思路，在总部增加了一个新的层级——战略特种兵，专门开发在全国甚至全球范围内招投标的超级大客户。至此，宅急送的销售团队就被分成了三个层级：分公司基础团队、分公司项目团队和总部项目团队。

- 第一层是分公司基础团队。以上海公司为例，基础团队只能服务区域内的中小客户，碰到大客户必须向总部报备，不得随意开发。每支基础团队的编制为6～8个人最佳，这是一个人管理的最佳幅度，超过10个人管理起来就会比较吃力。

- 第二层是分公司的项目团队，绑定行业或产品，比如，服装行业绑定两个项目经理进行开发。同样，你如果是项目销售，那么绝对不可以开发中小客户，即使大客户开发成功，也必须达到一定的金额门槛才能计提销售提成。
- 第三层是总部的项目团队，专门针对难度大的全国甚至全球招投标客户。

如此一来，专业线晋升通道就搭建好了，出现了一个明显的三级跳：基础销售（业务员）→区域特种兵→战略特种兵。企业在每个层级都要单独设计一个五星评定的标准，具体视团队规模大小而定，人多评五星，人少评三星。最后，如图8-1所示的专业线晋升阶梯就出现了。

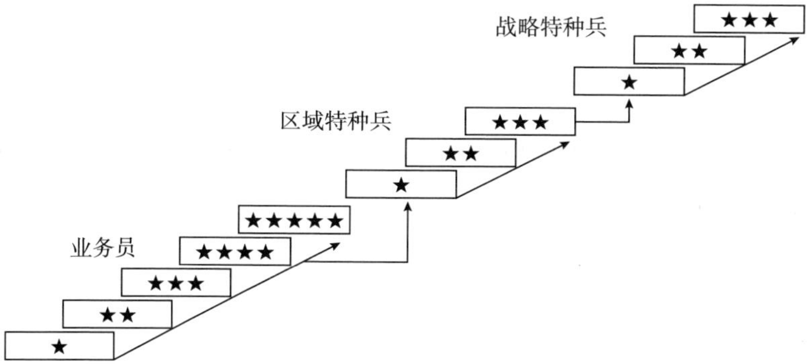

图8–1　专业线晋升通道

如果基础销售像饶君老师一样，不想开发中小客户，只想开发大客户，怎么办？这个岗位的调动不是由老板说了算，而是由五星评定来决定其能否晋升，晋升条件如下。

- 基础销售——区域特种兵晋升路线：基础销售连续两次被评为四星级或五星级销售员，就可以挑战一星级区域特种兵。虽然一星级区域特种兵属于专业线，并不参与团队管理，但是仍然享受经理级别待遇。换言之，虽然他们不承担管理职责，但是其基本工资要向经理级别看齐。这就好像军队当中的文艺兵和技术兵，他们虽然并不直接带兵，但也可以享受军衔荣誉及同级别待遇。
- 区域特种兵——总部特种兵晋升路线：如果连续两次被评为三星级区域特种兵，就可以挑战总部一星级战略特种兵。同样，战略特种兵享受总监级别待遇。

通过专业线晋升通道的设计，企业实际上给那些不想做管理的销售高手发出了一个信号：即使你不想做管理者，也可以在销售这条路上走得更远，将销售做到极致。不过，老板和上司不会帮助任何一名销售人员安排具体岗位，老板只是负责搭梯子的人，公司只负责搭台，至于每个人能爬到什么岗位，由他们自己说了算。

管理线晋升通道设计

有些人只是单纯喜欢做销售，也有些人不仅喜欢做销售，还非常有“官瘾”——这是人与生俱来的对于权力的诉求。中国自古就有官本位的文化，这也潜移默化地影响了许多人对权力的追求。那么，对于作为企业一种可分配资源的权力，企业应该如何科学地分配，才能激发出人的内驱力呢？这就是打通管理线晋升通道要考虑的问题。

要解答这个问题，大家需要深入思考的首要问题是：哪些人适合当销售管理者？这个题解错了，后面就全错了。因为根据企业发展的规律，随着企业的规模越来越大，员工人数越来越多，领导者越需要将更多的精力放在管理上，而管理最关键的一点是选对干部。一旦干部选对了，领导者身上的负担就能卸下来60% ~ 70%。相反，如果干部没有选对，领导者就会陷入不断的救火当中。

因此，我们首先要认识到销售管理者的本质：销售管理者不同于销售特种兵，他的首要任务不是自己做业务，而是带领团队做业务。从“我”到“我们”，需要的不是业务能力，而是管理能力，这两个岗位的能力模型是完全不同的。所以，企业不能把一名高绩效却没有管理能力的员工推上管理岗位。这就从根本上驳斥了企业“凭业绩晋升”的错误观念。

既然企业要挑选的是管理者，那用什么标准才能测试出一名销售人员的管理能力呢？我认为，最能体现管理能力的指标是“老带新转正”。如果这位销售人员能够成功地将一名新手培养成为合格的销售人员，那至少说明他具备了做管理的潜质。因此，企业必须将“老带新转正”作为管理者晋升的一个必要条件。

但是，企业要挑选的是销售管理者，如果管理者本身业绩能力很差，那么带队伍自然难以服众。这就好比皇帝派一个白面书生去带兵打仗，那士兵能服气吗？当然不行。

如何才能服众呢？立下军功。什么能代表一名销售人员的军功呢？在五星评定管理系统中，我们有一个现成的衡量标准——星级，星级本身就是一枚勋章。因此，管理线晋升的第二个条件就定下来了：销售人员连续两次五星评定的总业绩和新增业绩在三星级以上（含三星级）。

如此一来，销售管理岗的晋升逻辑线就清晰了。销售人员必须连续两次同时满足两个条件——一是老带新转正，二是业绩在三星级以上，就可以挑战一星级经理。以此类推，连续两次被评为三星级销售经理，他就可以挑战一星级销售总监；连续两次被评为三星级销售总监，他就可以挑战一星级营销副总裁。如图8–2所示，从一星级业务员到三星级营销副总裁，整条管理线的晋升通道都被打通了。

需要说明的是，挑战一星级经理，并不等于撤换掉过去的销售经理，而是指这位销售人员获得了储备销售经理的资格。一旦公司需要扩张，团队需要新的销售管理者，储备管理者立即就可以走马上任了。从这个角度来看，打通管理线的晋升通道以后，销售团队搭建人才梯队的任务也顺便完成了。

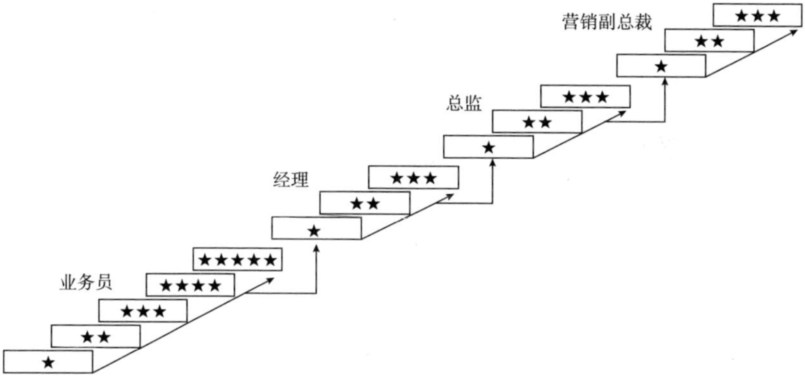

图8-2　管理线晋升通道

最后你会发现，当这一晋升规则设计好了以后，它完全是按照法治的逻辑设计的，真正摆脱了人治。在晋升的过程中，该晋升规则既按照每个人的实际贡献进行晋升，同时也考虑了不同人才的特性，真正最大程度上实现了公平，赋予了每位销售人员公平公正的晋升机会。

曾经有一位导入了五星评定管理系统的企业董事长向我反馈说："原来我们企业的员工晋升其实更多地凭领导的感觉，有时候领导只看业绩，看资历，但是现在通过五星评定管理系统，所有员工都感受到了众生平等。作为员工，你成为三星级以上的员工就有机会晋升主管、顾问、店长；作为店长，你成为三星级店长就有机会晋升经理、总监、总经理……所有人都是按照实际的状态和表现来晋升的，不论资排辈，不看关系，我觉得其实这就真正解决了管理的根本问题。”

确实，这套晋升机制对于人才的吸引力非常强。时至今日，我还时常会收到许多高管学员的“感谢信”——有了这套晋升机制以后，他们的才华才得以被看见，他们才能凭借“军功”步步高升。在我辅导的企业中，其中有好几家企业的营销副总裁都是通过五星评定被选拔出来的。

话已至此，我们不妨就这一问题稍微展开一下：真正优秀的销售管理者应该具备哪些特质呢？从我的实践经验来看，优秀销售管理者必须满足以下八大画像。

画像1：要高度认同公司价值观，与老板同频

如果一位管理者都没有发自内心觉得自己从事的是一份伟大的事业，他就不可能有强大的愿力。管理者只有对老板所做的事情发自内心地认同，才能心甘情愿地肩负起责任和使命。因此，管理者的第一个画像是必须高度认同公司价值观，与老板同频。

画像2：要有奉献精神和利他精神

管理者的绩效是由其团队决定的，如果管理者没有师者的奉献精神和利他精神，不能发自肺腑地期望团队中的每个成员成功，并

竭尽全力地帮助他们成长，那么这个团队就很难有凝聚力，也太不可能产出高绩效。

画像3：沟通能力强，包括对内对外沟通以及上中下沟通

从某种意义来看，管理学就是一门沟通学。从我的观察来看，高层管理者有70% ~ 80%的时间用于沟通，中层管理者有50% ~ 60%的时间用于沟通，基层管理者也有30% ~ 40%的时间用于沟通。因此，沟通能力是一名优秀管理者必备的硬能力。

画像4：管理者必须执行力强

我经常在课堂上问学员：世界上最长的路是哪条路？世界上最短的路又是什么路？其实，答案是同一个——嘴巴与手脚之间的路。如果言行不一，这就是世界上最长的路；如果言行一致，那么它就是世界上最短的路。因此，一名优秀的管理者不能只会夸夸其谈，企业必须选择那种执行力强、少说多做、脚踏实地的人来担任管理者。

画像5：管理者要有文案功底及活动策划能力

一名优秀的销售管理者，必须懂得策划销售活动，能够设计销

售活动方案，制定各项销售制度……这些都属于管理者的基本功，而这些基本功都要求管理者具备一定的文案功底和活动策划能力。

画像6：管理者必须是一名激励高手

一位好的管理者就是团队的啦啦队长。因此，激励与成就员工是管理者的领导责任。企业越是面对困难的时候，管理者越要懂得如何去激励队伍。克劳塞维茨在《战争论》中讲过一句话："什么叫领袖？要在茫茫的黑暗中，把自己的心拿出来燃烧，发出生命的微光，带领队伍走向胜利。战争打到一塌糊涂的时候，将领的作用是什么？就是用自己发出的微光，带领队伍前进。"

画像7：管理者要是一名优秀的培训师

管理者不仅要带兵打仗，还要善于做培训。一个不会培训的人就不适合做销售管理者。因为一名优秀的管理者必须同时也是一名优秀的培训老师，他必须有能力将自己的方法论复制给下属。

画像8：销售管理者的专业能力必须过硬

对于从基层提拔上来的销售管理者，企业还必须设置业绩门槛：从基层选拔上来的管理者，业绩必须在三星级以上，否则无法服众。当然，我们也不苛求每名管理者的业绩都能达到四星级甚至五星级。除此之外，我们还要附加一个管理指标——以老带新，帮助新员工成功转正。

你不妨对照这八大画像，反问自己：我是一名优秀的销售管理者吗？

组织结构从僵化到活化：让职位流动起来

随着企业的规模越来越大，组织结构难免会逐渐走向僵化。在服务企业的过程中，我观察到不少创业十几年的销售型企业，始终依赖某几位销售精英，很多销售管理者在一个岗位上待了 8 ~ 10 年。再进一步深挖下去，你会发现销售队伍里面有越来越多的老油条，这样的组织往往缺少活力，员工越来越怠惰。

如何有效地防止组织的怠惰，让组织结构从僵化变成活化呢？企业除了要让有能力、有贡献的人冒出来，还要将那些能力差、贡献少的人挤出去。

海底捞创始人张勇曾经向西贝创始人贾国龙分享过海底捞高速发展的核心秘密，他说："海底捞的真正法宝不是服务，而是高报酬、高福利环境里的一套严格的淘汰机制。"然而，在企业实际经营当中，我发现很多管理者都将淘汰员工视作一种不近人情的冷酷行为。但是，他们没有意识到，不能及时地淘汰低绩效员工，会给企业带来各种不良后果。

首先，这是对其他员工最大的不公平，因为低绩效员工不仅没什么价值贡献，还会拖累同事和上司去“救火”。这些都会占用公司资源，尤其是占用管理者宝贵的时间和精力。如果低绩效员工凭借资历占据了主管的位置，那就更糟糕了——他会堵住优秀人才的晋升通道，最终导致劣币驱逐良币。

其次，这些低绩效员工与其待在不合适的岗位浪费时间，不如去寻找更适合自己的公司和岗位。对此，我赞同通用前CEO杰克·韦尔奇的理念：让一个人待在一个他不能成长和进步的环境里，才是真正的野蛮行径或者“假慈悲”。

正是基于此，杰克·韦尔奇提出了著名的271法则——通用电气会对员工的业绩表现进行排名，将排名前20%的人才定性为企业的优秀人才，将中间的70%定性为合格人才，而末位的10%则需要强制淘汰。这就是企业的“活力曲线”，也被称为“末位淘汰曲线”。这条活力曲线会让企业始终保持一种紧张感。正如杰克·韦尔奇所言：“一个把未来寄托在人才上的公司必须清除那最后的10%，而且每年都要清除这些人。只有如此，真正的精英才会产生，才会兴盛。”

这让我回忆起小时候在农村，每年果树丰收之后，长辈们总会将果树的枝蔓修剪掉一些，为的就是不让多余的枝蔓争抢树根的养分，影响第二年挂果。其实，企业经营也是一样的道理，如果没有好的淘汰机制，最后这些低绩效员工会吞噬公司的资源。尤其是许多管理者还错误地把大量的时间和精力用于解决不合格的10%的人，而这部分人恰恰是最少创造价值，甚至根本不创造价值的员工。相反，管理者应该将宝贵的时间和精力投资在创造价值的那20%人身上，因为他们创造了公司80%的业绩。

具体来说，企业应该如何设计淘汰机制呢？淘汰机制的关键设计原则是要公平，无论是什么人，只要达不到岗位要求都必须淘汰。因此，公司必须提前设计好淘汰机制，并告知员工淘汰标准以及淘汰流程，而且这些标准和流程必须是透明的。

比如，阿里巴巴前总裁关明生来自通用，他深受韦尔奇的影响，所以阿里巴巴也实施了721强制分布——两个考核周期都位居最后10%的员工将会被淘汰。

华为从1996年开始提出末位淘汰，一开始的考核分为六个等级：A、B、C、D、E、F。由于操作起来太复杂，该考核方法后来优化为A、B、C、D四个等级。其中A表示“优秀”，占比10%；B为“良好”，占比40%；C为“正常”，占比45%；D为“须改进”，占比5%。考核成绩连续为D，就意味着将有可能被末位淘汰；考核成绩连续3个C，就意味着不能涨工资。据说，华为公司5%淘汰制来自西点军校快速培训选拔高级将领的体制。在美国西点军校，即使学员成绩全部优秀，也要强行淘汰5%。

这并不意味着其他企业可以照搬阿里巴巴和华为的做法，因为作为头部的成熟企业，它们的人才密度大，在人才充足的前提下，设置一个固定的淘汰比例是可行的。但是，大部分中小企业发展还不成熟，在人才本身就稀缺的前提下，它们可以借鉴这些成熟企业淘汰的理念，但不能盲目地效仿成熟企业的做法，而是要针对实际情况灵活掌握淘汰比例。

此外，中小企业也无须再设计一套单独的淘汰机制，因为五星评定管理系统本身就已经对销售人员的贡献做了公正的评价，企业只需要在此基础上增设一个淘汰机制即可。比如，企业可以提前与员工约定好：如果销售人员连续1～2次评不到星级，末几位淘汰。至于具体末几位淘汰，这就要根据企业的实际情况来设计。

如果企业的销售团队规模比较大，人才密度也比较大，确实需要淘汰一部分，那么淘汰比例可以稍微设置得高一些；假设销售团队规模较小，人才本来就不足，当前企业招聘也比较困难，那也可以适当地降低淘汰比例。因此，对于淘汰机制的设计，企业可以根据阶段性发展情况和人员规划进行适当调整，千万不要死板地照抄成熟企业的做法。

一般来说，大部分销售型企业都设计了基层销售的淘汰机制，只是暂时还没有与五星评定绑定而已，但是只有极少数中小企业设计了管理者的淘汰机制及降级机制。所以，在很多企业内部，对于管理者而言，升职就是“一劳永逸”的事情——不管团队带得好不好，管理者只能上不能下，这就导致很多企业变成了低绩效管理者的避风港。

这种做法从根本上违背了五星评定的价值观——企业一定要根据价值贡献来分配岗位。因此，在五星评定管理系统当中，企业也需要设计管理者的淘汰机制和降级机制。对于管理者来说，连续两次评不上星级，将会被降一级，任何人都不得例外。比如，某位销售总监两次都没有评上星级，那么他将被降级到经理级别。

这个降级的逻辑不仅仅适用于管理者，其实还可以延伸到对分公司的管理上。例如，我辅导的某家企业在全国有数百家分公司，这些分公司按照不同的标准，被评为五个星级。假设广州分公司之前被评为最高级别的五星级，但是在最近连续两次的评定中都没有达到五星级分公司的标准，那么接下来的这一季度，广州分公司就会被降级为四星级。所以，我们降级的逻辑不仅仅适用于个人，区域分公司、区域门店、加盟商管理等都适用同样的逻辑。

之所以要这样设计，目的就是要让所有的“职位”和“荣誉”流动起来。《吕氏春秋》中有一句话：流水不腐，户枢不蠹。意思是说：流动的水不会腐臭，常常转动的门轴不会被虫蛀蚀。组织也一样，一个团队要保持其生命力和战斗力，就必须有新陈代谢机制。当一个人的职位与其实际价值贡献不匹配的时候，他的职位和荣誉也随之消失了。只有这样，才能防止内部阶层固化和利益固化，防止很多没有价值贡献的人搭便车，沦为企业内部的食利阶层。

因此，在设计人才通道的子模块时，企业除了需要设计好晋升通道，还要灵活地设计淘汰机制和降级机制，真正确保企业内部能者上、庸者下、优者胜、劣者汰。

行文至此，基层销售岗五星评定中的六个子模块就已经全部设计完毕，这六个子模块对于五星评定管理系统的成功是缺一不可的。其中，业绩设计模块指向的是最终的结果指标；而4×5过程管理设计是解码战略目标的作战地图；通关培训设计旨在为销售人员的专业能级赋能；销售秘籍旨在为销售人员的方法论赋能；而薪酬设计和人才通道设计，旨在打通员工的动力赋能系统。因此，这些子模块之间环环相扣，其中任何一个子模块被删减，都会导致最终的战略目标无法实现。

在实际经营过程中，我发现很多企业家和管理者在导入五星评定时经常会偷工减料。实际上，五星评定的导入本质上是一个系统工程，如果企业在导入过程中只是照搬其中任何一个模块，反而可能会给企业带来灾难。因为在系统之内，这些子模块都是配套使用的。如果非要割裂开来，你就破坏了系统的价值。所以，我建议大家要了解清楚每一个子模块背后的设计逻辑，并把五星评定管理系统以及每个子模块之间的相互关系思考清楚。

从我们目前实践的成果来看，只要企业真正把这六个子模块落实到位，企业的销售管理就会迈入一个新的阶段。在传统的企业经营管理范畴，战略目标设计、销售过程设计、培训设计、薪酬设计、人才通道设计等子模块分别交由多个部门分头负责。但是，在营销部门的实际管理中，这些子模块是融合在一起的，它们之间没有先后顺序，也没有高低之分，而是共同发挥作用的。五星评定管理法将这些子模块整合到一个系统当中，颠覆了传统的思维方式，形成了一套以战略目标为牵引的闭环经营管理系统。

企业可以结合自己行业特性和自身特点，根据这六大子模块的设计原则，开发出自己的管理系统和管理模型：将销售人员的价值贡献与薪酬分配绑定在一起，满足他们渴望财富的生理动机；将销售人员的价值贡献与晋升通道绑定在一起，满足他们对权力和自我发展的社会动机；将销售人员的价值贡献与星级本身的荣耀感绑定在一起，满足他们的心理动机。这三种动机将共同激发员工巨大的内驱力，这种内驱力会成为驱动企业发展的原动力。

结 语

如何导入五星评定管理法

导入五星评定管理法的四大步骤

每一期课程现场总会出现不少复训学员熟悉的身影。这些企业家和高管学员之所以反复来听课，大多是因为在导入五星评定管理法的过程中遇到了障碍。虽然五星评定看上去就是一张非常简单的表格，但是系统背后的原理根深叶茂，涉及销售管理的方方面面。整个系统包括对目标设计的变革、过程管理的变革、培训机制的变革、薪酬机制的变革、晋升机制的变革……每一个变革，都需要整个销售团队自上而下的推动。所以，即便企业设计了五星评定管理系统，未来导入也是一项自上而下的大工程。

因此，在本书的结语部分，我们希望结合咨询实践中的经验与教训，尝试为读者梳理出一套导入五星评定的流程，帮助企业更加科学地导入五星评定管理法。根据多年的教学研究以及辅导企业的实战经验，我提炼出了导入五星评定管理法的四大步骤。

第一步：搭班子

迄今为止，我进入培训咨询行业已经8年了。这8年来，有3万多家企业导入了五星评定管理法，其中不乏成功的企业，也有一些失败的案例。我曾经认真地调研分析过：那些导入成功的企业和失败的企业差别在哪里？最后发现，其中一个最重要的差别就在于搭班子的方式不同。

如前文所述，整套五星评定管理系统是由六个模块的小变革组成的。做过管理的人都知道，人是有路径依赖的。即便是在企业内部推动一场小变革，那也不是一件容易的事情，更何况现在需要同时推动这六场小变革。所以，在这场变革背后，企业必须搭建一套强有力的班子来推动这件事情。

根据我的观察，这个班子至少需要三个重要角色共同发挥作用。

第一个角色是企业一把手。任何变革没有一把手强有力的支持，想要成功几乎是痴人说梦。只有一把手重视了，这场变革才有可能真正得到贯彻和执行。如果一把手不重视、不坚定，五星评定管理法就无法推广和落地。因为一把手代表着企业的风向标，同时也拥有最大的资源调动能力。

第二个角色是营销部门负责人。企业一把手是定方向的人，接下来最重要的问题是：如何让营销部门负责人深刻体会到五星评定对企业的重大意义和价值，从而获得他们的支持呢？毕竟，老板不可能亲自去执行，营销部门负责人才是真正落地这套系统的执行者，他们的认可度和执行力非常关键，直接决定这场变革的成败。

第三个角色是前面反复提到的销售督导。销售督导是监督辅导整套五星评定管理系统在企业落地生根的“钦差大臣”。尤其是在过程管理这一子模块，督导是直接保障战略目标的作战地图能否落地最为关键的一把利刃。

一旦有了老板定方向，营销负责人贯彻执行，销售督导配合监督指导，再加上营销部门的全员参与，最终五星评定管理法才有可能真正落地执行。

第二步：统一动员

我经常听到很多企业家和管理者抱怨：五星评定之所以导入不下去，是因为团队的执行力不够。但是，他们没有进一步思考：员工为什么执行力不够呢？如果员工只是被迫地去执行，哪来的“力”呢？所以，问题的本质可能并不在于员工的执行力，而在于销售团队没有对这个问题形成共识。

组织变革必须一竿子插到底，销售团队如果对于五星评定管理法缺乏共识，就不可能有高效的协同与执行。所以归根结底，变革的底层本质上是认知革命，企业一定是先有认知上的革命，后才有行为上的革命。唯有全员对五星评定管理法达成共识，才会产生强大的内在驱动力。

如何才能做好认知革命呢？企业要想做到上下左右步调一致，还需要更广泛更深入的组织动员。这也就是毛主席所讲的政治动员："首先是把战争的政治目的告诉军队和人民。必须使每个士兵每个人民都明白为什么要打仗，打仗和他们有什么关系……其次，单单说明目的还不够，还要说明达到此目的的步骤和政策，就是说，要有一个政治纲领……"①

这个动员具体如何来做呢？我们可以通过培训来做。首先，管理者自己要明白为什么要导入五星评定管理法，然后让员工明白为什么要导入五星评定管理法。只有了解到这套系统为自己带来的好处，他们才会发自内心地认同这套系统，改变自己错误的认知。一旦人的认知打开到一定程度，路径选择必然会产生变化。其次，我们要反复宣导五星评定管理法的操作步骤和方法，确保销售全员上下真正理解透五星评定管理法的逻辑。

在最近一期的方案班现场，一位复训的高管学员问我："陈老师，我们两个月前上完课以后，马上就在公司导入五星评定管理法，结果失败了。您能不能帮我们诊断一下是什么地方出了问题？"

我问她："在导入之前，你给团队做过培训吗？"

她回答说："上完课回去以后，我马上亲自做了一次转训。"

---

① 毛泽东. 毛泽东选集［M］. 2版. 北京：人民出版社，1991.

我追问道："就这一次吗？后续还有没有培训？"

她摇摇头。我告诉她："你看，这就是问题所在！"

这家企业规模不算小，有数以千计的员工。一场牵涉数千人的变革，必然需要一个持续而周详的计划，然而这家企业却把导入五星评定管理法当作一次性活动。他们花费了大量的精力设计五星评定管理系统，并好不容易在高层达成共识，然而在导入的过程中，他们却只是匆匆忙忙地组织一次培训，向员工宣导一套全新的销售管理系统。

我们可以算这样一笔账：假设老板和高管们通过听课、讨论和设计方案，理解了这套五星评定管理系统的80%；然后高管再向中基层管理者转训，中基层管理者在此前80%的基础上又理解了80%；最后，在基层管理者给员工转训的过程中，领悟力高一点的员工也接受了80%。最终这三个80%相乘，即便领悟力不错的员工，对这套系统的理解度也大约只有51%。试想一下，如果基层员工只理解了这套系统的51%，在这种稀里糊涂的情况下闷头执行，那么最终的效果能好吗？

更何况，如果企业在一场声势浩大的培训以后，再也没有任何下文，那么培训一结束，大家又会回到各自的岗位，又会回归原来的管理模式。因此，这个动员不是一次性的培训，而是要发挥重复的力量。很多企业之所以导入不下去，归根结底还是在于老板与管理者向下沟通的力度和投入度不够，导致员工根本没有理解透彻。在这个过程中，管理者要做喋喋不休的唐僧，日日讲、周周讲、月月讲，反复向员工传达五星评定的意义和价值是什么，五星评定管理法包含哪些模块，管理者和员工具体需要做什么……通过重复来强化员工对这个问题的理解和认知，唤醒全员对组织变革的紧迫感。

其实，关于如何动员的问题，毛主席在《论持久战》一文中也强调过："不是一次动员就够了，抗日战争的政治动员是经常的。不是将政治纲领背诵给老百姓听，这样的背诵是没有人听的；要联系战争发展的情况，联系士兵和老百姓的生活，把战争的政治动员，变成经常的运动。这是一件绝大的事，战争首先要靠它取得胜利。"①

因此，我通常要求企业既要做大动员，也要做小动员。大动员是统一动员，小动员是对于某一类人进行单独动员。动员本质上是一场内部营销，企业不能走形式，而是要不断地联系员工的实际情况进行沟通，而且必须长时间、多频次地举行这种动员活动。

在导入五星评定管理系统的过程中，我发现调动员工的积极性比较容易，因为员工通常只会做管理者要求并检查的事情。棘手的是，很多企业的问题是动员不了管理者，因为管理者的心态更为复杂。所以，我建议企业先从动员管理者开始下功夫。

根据我的观察，一般企业的管理者大体上可以分为四类人。

---

① 毛泽东. 毛泽东选集［M］. 2版. 北京：人民出版社，1991.

积极的管理者

积极的管理者理解五星评定的价值和意义，他们愿意主动拥抱变革。由于五星评定是一个正激励系统，管理者只要达成了规定的星级指标，就可以持续向上晋升，这对于企业争取更多积极的管理者是有利的。

中性的管理者

中性的管理者通常是随大溜的一群人，企业怎么说，他们就怎么做。对于这群人来说，只要企业把动员工作做到位，将执行流程及步骤梳理清楚，就较容易争取到这批人。

消极的管理者

消极的管理者是最复杂的一群人，这群人又可以细分为三种情况：自负的管理者、散漫的管理者和担忧的管理者。对于这三种不同的管理者，企业的动员策略是不一样的。

识别自负的管理者很容易，这些人往往对当前的状态非常满意，因此他们经常会说："现在不是挺好的吗？瞎折腾什么呢！"针对这类自负的管理者，我们可以反问他们："如果你们目前的管理模式很好，那为什么公司没有做大，为什么销售管理体系还没有搭建起来呢？"这个问题会触动他们反思。

如果一个团队中的老油条特别多，那么基本可以断定，这个团队的管理者就是散漫的。正是因为管理者不检查也不严格要求员工，最后导致员工天天放羊，慢慢都变成了老油条。散漫的管理者不愿意变革，大多是因为担心这套系统会将自己赶出过去的"舒适区”。因此，我们要敦促他们加强内部管理，按照流程和系统的要求改变自己的工作习惯。

最后一类是担忧的管理者，他们也有难以启齿的隐忧：万一自己连续两次评不上星级，被降级了怎么办呢？所以，这类人会想方设法地阻碍变革。对于这样的管理者，我们要及时进行安抚，告诉他们：一旦下面的员工绩效都上来了，那管理者的绩效一定差不了，因此，你们无须有过多的杂念，全心全意帮助员工提升业绩即可。

对于以上三种不同类型的消极管理者，企业在做小动员时一定要区别对待。

相信和怀疑并存的管理者

有的企业还有一类特殊的管理者：他们过去在引入其他管理工具时受到过伤害，他们虽然从理性上认可这套系统，但内心深处对于这套系统能否在企业内部落地还感到怀疑。对于这类管理者，我们倒不必过于担忧，只要老板坚定地给予他们鼓励，增强他们信心，随着五星评定管理法落地效果的逐步显现，他们就会转变为积极的管理者。

在某种意义上，老板就是一位船长，最终的目标是将所有员工都带上船。在现实经营中，积极的员工可能迅速跟着上船了，中性的员工可能还要观望一下，消极员工干脆就不愿意上船了。这时候怎么办？企业要及时组织一些小动员、小培训，不断地去和消极员工沟通，直到把所有人都带上船，大家一起朝着彼岸进发。

在辅导企业的过程中，通常大动员由我亲自负责，动员结束以后，我会给营销副总裁和督导们布置任务：为了保证后续所有小团队中的五星评定试运行有序推进，他们必须监督所有基层管理者向一线销售转训到位。其中，督导主要负责抽查管理者是否转训到位，员工是否理解五星评定管理系统的价值和意义；而营销副总裁的主要任务是，针对部分没有理解的中层管理者和基层管理者进行点对点的小动员。来回执行这几个动作，大概会耗时一个月。

千万不要小看了这一个月的作用。做管理这么多年，我得出一个结论：企业最大的成本是认知成本，一旦企业内部认知不统一，许多事情都推不动。推不动的本质原因是，大家没有认知到这件事情的重要性。因此，老板、管理者和员工的认知保持一致非常关键：如果老板能够把自己的认知同步到管理者的大脑里，管理者再把认知同步到员工的大脑里，大家的认知能够保持一致，那么导入五星评定管理法就会水到渠成。

第三步：试运行

动员完成以后，企业就要进入五星评定管理法的试运行阶段。

为什么要进行试运行呢？因为任何制度的设计都只是一个计划，计划本质上只是一个假设。既然只是假设，那就意味着它可能会与现实情况有出入。这个假设是否合理可行，我们只能通过试运行来验证。

有人可能会疑惑：既然假设的数据可能不准确，那为什么还需要假设呢？因为一旦有了假设的数据，企业执行起来就相当于有了参照系。根据这个参照系，企业可以拿执行结果来校验之前假设的数据是否合理，比如：业绩指标设计过高还是过低，过程管理中的动作量化是否科学，过程得分设计是否科学，薪酬设计是否合理……这些细节问题设计不科学，最容易招致员工对五星评定管理法的抗拒。

因此，试运行就是一个验证计划的过程，也是一个完善计划的过程。在试运行过程中，企业应先试验性地采取一个行动，并且记录这个行动产生的结果；然后推断行动与结果之间的关系，得到一个结论；紧接着根据这个结论，再来调整下一步的行动。如此循环往复，在每个模块都经历了反复打磨的过程后，我们才能发现五星评定管理系统中各子模块设计方案的不足之处，才能及时纠偏止损，形成一个反馈闭环。

具体来说，企业要如何进行试运行呢？企业要做好以下“三个明确”。

首先，要明确试运行的对象。一般来说，试运行的对象是所有转正的一线销售人员。如果企业的规模比较大，那么它可以先选择一个小团队做试点，试点打样成功以后，再全面铺开。就像多年前在宅急送公司时，我们先在华东区域市场打样成功，然后再将其推广到全国市场。

其次，要明确五星评定的基本流程。五星评定的基本流程包含以下七个步骤。

- 第一步：统计。由销售人员自行统计一个评定周期内的总业绩以及新增业绩。
- 第二步：申请，由销售人员自己提出评定申请。曾经有人问我："如果销售人员不提申请怎么办？"现实中基本不太可能出现这种情况。因为五星评定与销售人员的薪酬、晋升等挂钩，销售人员如果自己不提出申请，就等于放弃升职加薪的机会。
- 第三步：审核。公司在收到销售人员的申请后，会指派销售督导审核销售人员提交的总业绩及新增业绩是否属实，同时核对该销售人员的过程指标达到几星级标准。
- 第四步：通关。在销售督导审核无误后，针对所有业绩指标和过程指标同时达到星级标准的正式员工，公司总部统一组织大通关。
- 第五步：评定。大通关成绩出来以后，企业就可以正式进行五星评定。整个五星评定考察业绩、过程和通关三个指标，最终按照木桶原理，取最低指标定档星级。
- 第六步：通报。五星评定完成以后，企业还要在全员内部进行排名通报：哪些人评上了五星级销售，哪些人评上了四星级销售……
- 第七步：备案。销售督导将五星评定的结果交给人力资源部存档备案，并以此来确定销售人员的基本工资及晋升等事宜。

最后，要明确试运行的内容重心。试运行主要验证指标设计的合理性和科学性，比如过程管理中的动作量化是否科学、五星评定中各星级的业绩指标是否合理、各星级的基本工资设计是否合理……凡是涉及数据量化的部分，都要验证其是否达到了设计的预期效果。

假设试运行之后，一个三星级销售员也没有评上，那说明我们的业绩指标定高了，根据反馈出来的结果，在下一个评定周期中要适度调低业绩指标；反之，如果试运行之后，半数以上的员工都评上了三星级销售员，那就说明我们的业绩指标定低了。同样，假设试运行之后，公司业绩非但没有增长，工资成本还高了不少，那就说明我们的业绩指标定低了，或者工资定高了……这些问题都只有通过试运行才能暴露出来。

一般来说，五星评定至少试运行一次，以两次为最佳。试运行的核心要放在各指标的量化标准上，反复调试到最佳标准后，方可正式推行。

第四步：正式执行

根据实践经验，基本上经过一两次试运行以后，企业就可以将各项指标调整到一个比较科学的状态。接下来，企业就可以在销售团队内部正式推行五星评定管理法了。

一般来说，企业的规模越大，管理变革的难度和风险就越大。

以我的经验来看，任何企业的管理体系不可能一夕改变。尤其是五星评定管理系统作为销售部门的底层管理系统，其影响范围广、涉及的团队人员多，因此，变革过程中还必须采取循序渐进的方法，耐心地修正企业原有的销售管理流程。

从我操盘和辅导的经验来看，任何一家企业导入五星评定管理系统，需要耗费1～2年的时间，才能最终将五星评定真正地植入到企业的基因当中。因此，企业一旦选择导入五星评定管理法，就必须将其当成一个中长期工程来做。

与此同时，随着公司规模扩张以及战略升级，五星评定也需要随之进行升级，比如：企业一旦扩大了规模，就需要分区域进行业绩指标的设计；在企业发展的不同生命周期，企业的战略势必会发生变化，这个时候，业绩考核指标的设计重点也要随之改变；在过程管理中，销售动作也要根据市场变化做创新……这是一个动态升级的过程。

这个逻辑就如同将军指挥作战一样，虽然一开始拟定了作战方案，但是等到真正战场上枪炮一响，将军就要根据实际敌情做灵活调整，而不是死守自己的作战方案。企业经营也是同样的道理，很多因素都需要根据市场行情动态地做出调整。2020年年初新冠肺炎疫情肆虐，如果企业还是固守过去的线下动作，那就过于死板和教条了，五星评定就会失去它本来的意义，反而成为束缚企业创新的镣铐。

我在辅导一家行业头部企业时，就遇到了类似的情况。这家企业销售类型较为丰富：既有传统的线下门店，也有线上的电商团队。为了验证五星评定管理系统的设计是否科学合理，我们选择同时在两支销售团队中进行一个季度的试运行。不巧的是，我们刚准备针对所有转正销售人员推行4×5过程管理时，2020年年初恰好遇到了全球新冠肺炎疫情。因此，原定的传统销售动作在疫情期间全部失效了。遇到这种情况，团队该如何应对呢？

令我意外的是，这家企业的销售团队应变能力非常强，他们及时地创新了自己的销售动作：线下门店销售行不通了，他们就把线下门店销售改成了直播；而线上团队趁此机会，也从传统的电商销售升级为互动性更强的社群营销。

2020年2～4月，整个营销团队都在验证这些创新销售动作的有效性：这些销售动作能否带来预期的成交量，这些销售动作的考核标准是什么……通过一个季度的调试，我们将动作调试得更加科学。最终两次试运行下来，这套创新销售动作得到了销售团队全员上下的认可。两个季度试运行下来，公司业绩表现非常亮眼：在彼时疫情的大环境下，这家企业的业绩不降反增，甚至超过了上年同期的销售额。

总而言之，从搭班子、统一动员、试运行到正式推行，企业要做好打持久战的准备，因为导入五星评定管理法并非一蹴而就的事情，而是一个持续升级的过程。

以道御术：五星评定背后的三观合一

写到这里，本书即将进入尾声。虽然本书的定位是一本工具书，但是我希望读者们不止看到五星评定管理法作为术的那一面。事实上，正是道决定了术，如果企业家和管理者不能理解五星评定管理法背后的道，那么他们往往很难做到以道御术，真正落地五星评定管理法。所以，在本书的最后，我想和大家聊聊五星评定这一系统工具背后的道。

五星评定管理系统背后的道来源于哪里？其实，它源于我多年来对哲学、科学和历史的研读与实践。正是这三门学科从不同维度塑造了我看待销售管理的视角。后来，我才得以在实践中将这些思考汇聚起来。

第一个视角：哲学视角——两只眼

近年来，我在复旦大学研修哲学，也反复研读了多本中西方哲学著作，而哲学对我的营销观念影响最大的是它的两面性。在西方哲学体系中，两面性可以溯源到辩证唯物主义——任何事情都有其两面性。而在东方哲学体系当中，我们可以从《道德经》中读到类似“反者道之动”这样的语句。这也启发了我在分析任何一个事物的本质时，都必须用“两只眼”来看问题。

在五星评定管理系统中，最关键的两只眼是什么？一只是“业绩之眼”，另一只是“管理之眼”。今天我接触到的很多企业之所陷入增长困境，本质上还是因为只用了“业绩之眼”来看待企业的运营。如果不能及时地打开“管理之眼”，一定会违反企业发展的规律。因为企业经营不是百米冲刺，而是一场马拉松。在这场马拉松比赛当中，业绩与管理是支撑企业持续向前的两条腿，企业今天可以凭借业务一条腿跑100米，却绝对跑不了马拉松。

第二个视角：科学视角——平行理论

很多企业家和管理者可能会反驳：“我们已经学会了用‘两只眼’来看问题，为什么企业的发展还是会遇到问题呢？”这是因为他们虽然用了两只眼，却在使用这两只眼时失去了平衡。

事实上，业绩和管理就是两条平行线。为什么现实中的很多企业业绩上得快，死得却更快？因为它们在做大业绩的同时，管理系统并没有及时跟上。当一家企业的业绩翻一倍时，管理系统也要翻一倍。相反，如果一位管理者在业绩上耗费了90%的精力，但是在管理这条线上只投入了10%的精力，最后这两条线就不平行了。

一旦业绩和管理不平行，企业的经营就会出问题。这个逻辑其实与中国古典哲学提倡平衡、均衡、和谐等观念是一脉相传的。《黄帝内经》所提倡的养生总原则，最后可以凝练成一句话——“法于阴阳，和于术数”，而其中最重要的一个字就是“和”字。阴阳平衡谓之“和”，人“和”了，就能健康长寿；企业“和”了，才能基业长青。

第三个视角：历史视角——长期主义

我酷爱历史，深信研习历史能提升一个人的前瞻性。长期研习历史，仿佛为我打开了一只“天眼”：今天我进入一家企业，很容易预判这家企业未来能够做到多大规模。这种前瞻性与历史视角的培养是分不开的。在上一本书《大营销哲学》中，我提到法国有一个历史学派叫年鉴学派，这一学派提倡从长中短三个维度来分析一个问题。五星评定管理系统的设计本质上也暗合了这一逻辑。

从一开始，我们就没有将五星评定管理系统定位为一个快速帮助企业提升业绩的工具，而是要求企业先练销售管理的基本功。这些基本功的价值短期之内未必能直接体现在业绩上，但是我们只要长期坚持下去，必见奇效。因为这套管理系统的初衷不是着眼当下的业绩，而是要将企业的销售管理系统建起来，进而保障企业长期战略目标的实现。

因此，在导入五星评定管理系统的过程中，企业不仅要看到系统的深度，更要看到时间的长度。我们拒绝用短线思维来看待这一工具，而是要用长期思维。从目前调研和反馈的数据来看，我辅导的几十家企业在导入五星评定管理法的第二年，最迟不会超过第三年，就能看到非常明显的变化。随着地基工程的夯实，管理系统的扎根，组织的习惯会发生质的变化。这个时候，业绩就会出现井喷式增长。更为关键的是，这种增长是一种高质量的、可持续的增长。

近年来，长期主义是一个热词，但真正践行长期主义的企业并不多见。因为真正的长期主义不是一种口号，要让长期主义真正落地，必须匹配长期主义的哲学、文化、系统、流程和机制等。而五星评定管理系统确实在坚守长期主义这一价值观，无论是目标设计、过程管理，还是通关培训设计……从任何一个切面去观察，其中都包含了对长期主义的践行。

因此，在导入五星评定管理法的过程中，我们还要拉长时间尺度来看待企业的发展。如果你真正立下了实现十年战略目标的大志，同时也发自内心地相信五星评定管理系统对企业的价值，请务必坚守自己的决心和韧性，始终如一地关注销售管理的基本面，日复一日地运行好这套系统，练好企业的基本功，筑好企业的根基，未来方能厚积薄发。

尤其是在当下的后疫情时代，面临的环境越复杂，企业就越需要扎扎实实地练好基本功，越要在当下的情势下做到“静幽正治”：静，即越是遇到危机，思考问题越需沉着冷静；幽，意指筹划问题要思虑深远；正，即处理问题公平公正；治，即管理严谨而不乱。在今天复杂的大环境下，这也是当下的企业家和管理者极其需要修炼的品质。

最伟大的成就需要最大的耐心和最长的时间。谨以此句，与君共勉！